너와 함께라면

너와 함께라면

초판 1쇄 발행 2023년 8월 4일
2쇄 발행 2023년 10월 4일

지은이 김유리, 김영아
펴낸이 장길수
펴낸곳 지식과감성#
출판등록 제2012-000081호

교정 이주연
디자인 정한나
편집 오정은
검수 한장희, 정윤솔
마케팅 정연우

주소 서울시 금천구 빛꽃로298 대륭포스트타워6차 1212호
전화 070-4651-3730~4
팩스 070-4325-7006
이메일 ksbookup@naver.com
홈페이지 www.knsbookup.com

ISBN 979-11-392-1236-5(03810)
값 13,000원

- 이 책의 판권은 지은이에게 있습니다.
- 이 책 내용의 전부 또는 일부를 재사용하려면 반드시 지은이의 서면 동의를 받아야 합니다.
- 잘못된 책은 구입하신 곳에서 바꾸어 드립니다.

지식과감성#
홈페이지 바로가기

너와 함께라면

김유리와 김영아 지음

그저 두 사람을 잠시 바라보는 일

"도무지 글의 방향이 잡히지 않아요! 지금 얼마나 답답한 줄 모르실 거예요. 정말 모르실 거예요!"

그래도 꽤 오래 알고 지냈다고 생각했는데, 이렇게 다급하고 상기된 목소리의 김영아 선생님은 처음이었습니다. 가슴속 답답함이 전화기 너머로도 그대로 전해지더군요. 늘 차분하게 다른 이의 고민을 들어 주는 사람이던 김영아 선생님이 '글'이란 것 앞에서 평정심을 잃으신 것 같았습니다. 김유리 작가와 함께 이 책을 쓰기 위해 꽤 오래 고생을 했는데 건질 것 한 줄 없이 도무지 답이 없는 늪에 빠지신 것 같더군요. 그 늪은 아마도 '**누군가에게 보여 줄 글**'을 써야만 한다는 압박감 비슷한 것이었을 겁니다.

저는 조심스럽게 말했습니다.

"그냥 영아 선생님과 유리 씨의 지금 그대로를 쓰시면 될 것 같은데요. 작가라는 직업을 꿈꾸는 발달장애인 김유리와 그를 작가로 만들어 주려는 장애인재활상담사 김영아, 그대로요."

저도 잘은 모르지만, 글을 '글'처럼 쓰려고 하면 어려운 것 같습니다. '지금 쓰는 글이 재미가 있을까?', '그럴듯한 의미가 있을까?', '세상에 나올 가치가 있을까?' 이런 고민들이 자꾸 생기니까요. 아마도 김영아, 김유리 이 두 사람도 저런 질문들에 시달렸을 겁니다.

하지만 '글'이 아니라 '나'를 쓴다고 생각하면 좀 편안하지 않을까요? 그저 잠깐 다른 사람을 만나 조금 어색하지만 엷게 웃으며 이 말 저 말 하는 것처럼요.

이 책에 그럴듯한 의미나 주제는 없습니다. 대신 김유리와 김영아. 이 두 사람이 있습니다. 발달장애인 김유리, 장애인재활상담사 김영아, 작가가 되고 싶었던 김유리, 김유리에게 작가의 꿈을 이루어 주고 싶은 김영아, 함께 글을 쓰며 투닥거리는 김유리와 김영아. 이 두 사람 말입니다.

이 책을 읽는 것은 두 사람과 잠시 만나 인사하고 이야기를 나누다 헤어지는 일입니다. 여러분 앞에 있는 이 책을, 아니 두 사람을 그저 잠시 바라보시면 됩니다. 그거면 충분합니다.

작가 미후지

목차

카메라와 함께라면

응답하라 2009 _ 김영아	10
Why Not ? _ 김영아	14
불타오르다 사그라든 열정 _ 김유리	16
그럼에도 불구하고 _ 김영아	22
일주일에 하루 우리가 동료 되는 날 _ 김유리	25
선물합니다. 실패할 권리 _ 김영아	29
하나의 점 _ 김영아	31

너는 너, 나는 나

작가가 되고 싶어요 _ 김유리	36
내 주제에 작가는 무슨… _ 김유리	39
질타에 불투는 _ 김영아	43
이제야 숨통이 트일 것 같아요 _ 김유리	50
비닐 봉다리에 담긴 글 _ 김영아	53
제 글을 보고 연락 주셨다고요? _ 김유리	56
잠재력 키우기 프로젝트 _ 김유리	60
너와 내가 쏘아 올린 작은 공 _ 김영아	65

너와 함께라면

속 편하자고 글을 씁니다만… _ 김유리	70
킹스 크로스역 9와 3/4 승강장 _ 김영아	73
우리 돈으로 출판을 하자고요? _ 김유리	76
그녀를 믿지 마세요 _ 김영아	79
엇 내가 1호 작가인데? _ 김유리	83
질투는 너의 힘 _ 김영아	86
내가 할 수 있는 일 _ 김유리	89
덕업 불일치 _ 김영아	93
내가 뭐라도 되는 줄 알았나 봐 _ 김유리	96
불성실 작가 _ 김영아	99
어떻게 준비하면 좋을까? _ 김유리	103
산으로 갈 뻔한 배 _ 김영아	106
저더러 어쩌라고요… _ 김유리	110
내가 네 맘 같지 않지? 너도 내 맘 같지 않아 _ 김영아	113
정말 이대로도 괜찮은 걸까요? _ 김유리	118
난 함께하고 싶은데 _ 김유리	121
직업병 _ 김영아	125
작가라면 반드시 지켜야 할 것 _ 김유리	129

에필로그

동상이몽 한 번 더 할까요?	134
이렇게 우리가 다를 줄이야…	139

카메라와
함께라면

응답하라 2009

김영아

 집에서 가장 낡은 책꽂이의 맨 아래 칸. 짝이 맞지 않는 문고리가 달린 수납장이 하나 있습니다. 1년에 한 번 열어 볼까 말까. 있어도 그만 없어도 그만인 물건들이 대충 철저하게 수납된 그 칸엔 5장의 DVD가 있습니다. 얼핏 봐도 영화 DVD이긴 하나, 제목도 표지 모델도 어색하기만 합니다.

 2009년 3월. 장애인재활상담사라는 자격으로 밥벌이하며 살던 저는 친한 친구의 소개로 발달장애인 영화 동아리를 운영하는 직업 재활 시설에 계약직으로 취업했습니다. 영화를 좋아해서는 아니었어요. 그저 주 4일 근무, 17시 퇴근이라는 근무 조건이 마음에 들었을 뿐이었지요.

 제가 맡은 업무는 3개의 발달장애인 영화 동아리를 운영하는 일이었습니다. 평일 극영화 제작반, 평일 미디어 활동반, 주말 극영화 동아리. 성인 발달장애인들이 직업을 가질 수 있도록 훈련하고 취업 지원하는 게 제 일이지만, 영화 제작은 밥벌이가 되는 일도 인생 역전을 가져다주는 일도 아니었습니다. 그렇게 10개월 아르바이트나 하자는 마음으로 시작한 영화 제작에 5년 동안 발을 담근 채 살았습니다. 발달장애인들과 영화를 만드는 일은 결코 녹록지 않았습니다.

무식하면 용감하다더니 '삼각대에 카메라 세워 놓고 빨간 버튼 누르면 다 찍히는 게 영화 아냐?'라고 생각하던 저였지요. 세탁기 버튼만 딱― 누르면 되는데 빨래가 무슨 노동이니? 라는 해 보지 않은 자만이 주장할 수 있는 초간단 논리였습니다.

업무에 투입된 지 일주일 만에 저는 알았습니다. 세탁기 버튼을 만들고, 발달장애인들이 스스로 누를 수 있도록 이끌어야 하는 게 제 역할이란 걸요. 영화 제작 기술이 아닌 이들이 자기 목소리를 내고 참여 동기를 이끌어야 하는 게 제 일이라는 걸요. 시나리오를 쓰고, 기획 의도와 시놉시스를 쓰고, 콘티를 짜고, 스태프 역할을 나누고, 로케이션 장소를 섭외하고, 촬영과 녹음을 하고, 프리미어 편집과 배경 음악 선정, 자막 삽입에 크랭크인과 GV까지 모든 과정에 발달장애인들이 참여하는 대장정이었습니다. 1년에 두 편의 극영화와 메이킹 필름을 만들어 작품으로 세상에 내어 놓는 일. 그 모든 과정에서 숨은 조력자로 존재해야 하는 사람이 저였습니다.

당시 주말 극영화 동아리는 고등학교 특수 학급을 갓 졸업한 20대 초반의 발달장애인들로 구성되었습니다. 서울의 S여고 특수 학급에서 운영하던 미디어 동아리가 있었는데 졸업 후에도 활동을 원한 학생들의 바람이 동아리로 연결되었습니다. 토요일 오후 1시. 나른하면서도 활기찬 이 시간에 영화를 만들고 싶어 동아리를 만들다니…. 저로선 잘 이해되지 않았습니다. 저는 그저 토요일 오후엔 낮잠이 최고라 여긴 직장인이었으니까요. 동아리 회원들과 처음 만나 상견례를 하던 날. 우리는 각자의 나이, 사는 곳, 직장, 희망 역할 같은 정해진 자기소개를 나눴습니다. 회원 중에는 유독 이해가 되지 않는 한 사람이 있었습니다. 일기 한 줄 안 쓰고, 1년에 책 한 장 안 보는 제게 시나리오를 쓰고 싶다며 조심스레 말하던 이해 불가의 사람. 대단하다는 마음과 궁금한 마음 그리고 한 스푼의 기대를 가져다준 사람이 있었으니, 바로 유리 씨였습니다. 나는 글이라면 딱 질색

인데 그 긴 시나리오를 쓰고 싶다니, 심지어 글과는 거리가 있어 보이는 발달장애인이 글을 쓰고 싶다니. 이해가 잘되지 않았습니다. 그렇게 저는 그녀에게 호기심을 갖기 시작했습니다.

Why Not?

김영아

주말 영화 동아리 모임 첫날 우리는 동아리 이름을 짓기로 했습니다. 우리는 여러 후보 중 유리 씨가 제안한 '와이낫'이란 이름을 선택했습니다. 제안자인 유리 씨는 발달장애인이 영화를 어떻게 만드냐고 말하는 비장애인들에게 "왜 우리가 못한다고 생각하나요?"라는 말을 던지고 싶다며 의미를 설명했고 우리는 흔쾌히 동의했습니다. 그렇게 '와이낫'이란 발달장애인 영화 동아리는 공식 출범했습니다. 영화의 첫 단추는 단연 시나리오였습니다. 애초에 시나리오 작가를 지망한 유리 씨에게 영화 주제 선택권이 주어졌습니다. 유리 씨는 "전 사무직으로 근무하고 싶은데요. 주변에서 다들 발달장애인이 사무직을 어떻게 하냐고 안 된다고 해요. 사무직으로 취업해서 성공한 발달장애인 이야기를 영화로 만들고 싶어요."라고 말했고, 8개월의 제작 기간을 거쳐 30분짜리 극영화 〈와이낫?〉은 세상에 나왔습니다.

팀 이름도 '와이낫', 영화 제목도 '와이낫'이었지요. 유리 씨는 시나리오도 직접 쓰고, 시설 근처에 있는 프로덕션의 컴퓨터를 빌려 프리미어로 편집까지 해냈습니다. 저는 1년 넘게 배워도 아직도 못 다루는 프리미어를 단숨에 이해하고 깔끔하게 편집까지 해내는 능력자였습니다. 그렇게 와이낫 동아리는 3년간 세 편의 극영화가 담긴 DVD를 세상에 내놓았습니다. 당시 유리 씨는 유명한 외국계 기업에서 우편물 분류 업무를 담당한 어엿한 직장인이었습니다. 영화 〈와이낫?〉의 주인공처럼 사무직에 종사하는 발달장애인이었지요. 하지만 오래가지는 못했습니다. 사측에서는 계약 기간 만료와 함께 유리 씨와 작별을 고했고 이후 12년여의 기간 동안 여러 회사를 거치며 비교적 공백 없이 직장인 생활을 유지하고 있습니다. 유리 씨는 영화를 통해 "와이 낫?"을 외쳤지만, 현실은 냉정한 '낫'이었습니다.

불타오르다 사그라든 열정

김유리

 2005년 고등학교 2학년 때, 특수 학급에서 미디어 수업을 받았다. 학교에서는 미디어 수업을 위해 외부 전문 강사님을 초빙했다. 다큐멘터리 영화 감독으로 일하고 계시는 분께 카메라 다루는 법부터 영상 편집 프로그램으로 편집하는 방법까지 배웠다. 이때 나는 정말 열정적인 학생이었노라고 자부심을 내세워 본다. 특수 학급 담임 선생님의 부탁으로 다른 조가 촬영한 영상까지도 내가 편집해 주었으니, 얼마나 열정이 차고 넘쳤을까. 미디어를 가르쳐 주셨던 영화감독님과 졸업 후에도 블로그라는 온라인 공간에서 소식을 주고받았다. 2008년쯤, 감독님과 어느 카페에서 만났는데 이때 나는 지나가는 말로 "선생님, 저 미디어 수업 또 받고 싶어요."라고 말씀드렸다. 감독님도 지나가는 말로 "그래, 내가 아는 곳에서 미디어 수업을 하게 되면 꼭 연락 줄게."라고 하셨다. 이후 1년 후, 감독님이 잘 알고 계시는 장애인 센터에서 취업 중인 발달장애인을 대상으로 영화 만들기 수업을 한다는 연락을 받게 되었다. 학생 신분에서 벗어난 내가 다시 수업을 듣게 된다니, 학창 시절로 돌아간 듯 너무 설레어서 밤잠까지 설쳤던 기억이 난다.

그렇게 나는 2009년 3월부터 주말마다 발달장애인 영화 제작 동아리에 참가했다. 아쉽게도 감독님은 함께 하시지 못하셨다. 하지만 난 그곳에서 새로운 사람들을 만나게 되었다. 지금 이 책을 함께 쓰고 있는 영아 선생님도 조력자로 이때 처음 만났다. 영화 전문 감독님들의 지도하에 시나리오도 쓰고, 촬영도 하고, 영상 편집도 했다. 영화 동아리에 참여할 때만큼은 직장인에서 열정적으로 수업을 받는 학생으로 돌아가 있었다. 그렇게 2009년 한 해 동안 열심히 만든 영화는 극장에서 시사회를 했으며 발달장애인들이 시나리오를 쓰고 영화를 만든 것은 전국에서 최초라며 신문사와 방송국에서 취재해 왔다. 얼마나 기분이 좋던지, 하룻밤 사이에 인기 스타가 된 기분이었다.

1년만 하고 끝날 줄 알았던 영화 동아리는 두 편, 세 편의 영화가 나올 때까지 계속되었다. 2009년부터

2013년도까지 1년에 한 편씩, 네 편의 영화를 만들었다. 첫해에는 감독님들과 조력자님들께서 전적으로 도와주시다가 두 번째 해부터는 독립을 좀 해 보라며 조금씩만 거들어 주셨다. 끝내, 어느 해에는 시나리오부터 시사회까지 순전히 우리들만의 힘으로 해내는 성과를 이루기도 했다. 2009년도와 2013년도에 만든 영화는 서울장애인인권영화제에 출품하여 상영이 되었다. 4년이라는 시간 동안, 마냥 즐겁기만 한 건 아니었다.

 2009년, 첫해, 첫날의 열정은 다 어디로 갔는지 불타는 낙엽처럼 서서히 사그라들었다. 반짝이던 눈을 뒤로 하고 하품만 찍찍 해 댔다. 열정이 사라진 건 나뿐만이 아니었다고 회고해 본다. 카메라 스태프는 처음엔 깃털처럼 가벼웠던 카메라가 돌덩이를 어깨에 짊어진 것처럼 무겁다고 했다. 왜 자신만, 이 무거운 붐 마이크를 들어야 하냐며 불평불만을 터뜨리는 마이크 스태프도 있었다. 나는 영화 동아리에서 시나리오 작가였다. 처음에는 잘 썼다며 다들 칭찬 일색이더니만 시간이 갈수록 '이 부분은 아닌 것 같아!' '이 내용은 좀 아니지 않나?'라며 다시 써 오기를 종용했다. 스태프들과 조력자님들, 감독님들께 말은 안 했지만 서운함을 감추지 못했

다. '아니, 이 내용이 뭐가 어때서요?' '다시 써 오라니, 글 쓰는 게 얼마나 힘든 일인 줄 아세요?'

  그럼에도 우리의 영화 만들기는 계속되었다. 2012년쯤 스마트폰으로 영화 만들기가 붐을 이루었다. 스마트폰으로만 만든 영화를 따로 상영하는 영화제가 열리기도 했다. 우리도 스마트폰으로 영화를 만들어 영화제에 출품해 보자는 당찬 포부까지 내비쳤다. 굳이 무거운 카메라와 붐 마이크를 고집할 필요가 없었다. 스마트폰 한 대와 스마트폰 전용으로 나온 작은 마이크 하나! 그해 우리는 한결 가벼워진 장비를 가지고 정말 온 힘을 다했다. 시나리오부터 시사회까지 조력자의 지원 없이 우리끼리 해낸 해였다. 조력자님들께는 우리끼리도 잘할 수 있다는 걸 보여 드리고 싶어서 일부러 연락드리지 않았다. 시나리오 피드백만 받고, 촬영 장소 섭외, 연기, 촬영, 편집 이 모든 걸 누구의 손 하나 빌리지 않고 우리 스스로 해내었다. 내 모든 열정을 다 쏟아서일까? 번아웃이 찾아왔다. 내가 영화를 만들어서 뭐에다 쓸까? 백날 해 봤자 우리가 영화관에 걸릴 만한 웰메이드급 영화를 만들 수 있는 것도 아니고, 그것이 우리에게 부와 명예를 가져다주는 것도 아닌데라는 생각이 들었다.

이듬해에는 정말 억지로 시나리오를 썼다. 영화 동아리를 10년, 20년 계속할 거라고 시사회에서 관객들에게 했던 다짐을 저버릴 수는 없었다. 여느 해처럼, 영아 선생님께 시나리오 피드백 요청을 드렸는데 시나리오가 오글거린다는 평을 받았다. 이제 아마추어가 아닌 프로가 된 만큼 잘 써 봐야 하지 않겠냐고 하셨다. 영화 만들기도 싫어졌겠다. 기회는 이때다 싶어 더는 못하겠다고 말씀드렸다. 영화보다 회사 일에 열중하고 싶다는 마음에도 없는 소리를 했다. 여느 해 같았으면 '다시 한번 써 볼게요.'라고 했을 것이다. 하지만 다시는 시나리오를 쓰고 싶지 않았다. 지난해 나의 영혼을 거의 갈아 넣다시피 한 영화가 서울장애인인권영화제에서 상영이 된다는 소식을 듣고도 가지 않았다. "난 더 이상 못하겠어."라고 말하고 뛰쳐나왔던 탓에 동아리 멤버들의 얼굴을 볼 낯이 없었다. 선생님과도 이대로 연락이 끊기겠거니 생각했는데 반년에서 1년이라는 시간이 지났을 때쯤, 메시지 한 통을 받았다.

'유리 씨, 잘 지내요?'

선생님께서는 다시는 영화 안 만들겠다며, 긴 장문의 이메일을 주저리주저리 쓰고 잠수 타 버린 9년 전의 나를 기억하실까? 영화 동아리에 대한 글을 쓰기 위해 슬그머니 여쭤보니 기억이 전혀 안 나신다고 한다. 다행이다. 기억나신다고, 평생 못 잊을 기억이라고 하셨다면 이 글을 키득키득거리며, 마음 편히 쓰지 못했을 것이다. 그나저나 선생님께서는 다시는 영화 안 만들겠다며, 무책임하게 뛰쳐나온 내가 뭐가 예쁘다고 연락을 주신 걸까?

그럼에도 불구하고

김영아

  유리 씨가 첫 번째 직장을 잃고 새로운 직장에 자리 잡던 그때, 저도 영화 동아리를 제작하던 시설과 작별을 고했습니다. 당시 시설에 남아 있던 직원들은 영화 동아리를 유지할 의사가 전혀 없었습니다. 제가 나가면 동아리는 자동 해산이었지요. 짧고 어설펐지만 한 편의 영화를 세상에 내놓는 일은 꽤나 고통스러운 과정이었습니다. 결과물이 나온다고 일확천금이나 명예를 얻는 것도 아니었지요. 시설 입장에서는 굳이 큰 소득 없는 영화 제작을 유지할 명분을 갖지 못했습니다. 저는 퇴사와 함께 프리랜서 혹은 봉사자 자격으로 와이낫 동아리를 유지하기로 했습니다. 특정 시설에 소속된 모임이 아닌 개인적인 모임으로 전환했지요. 당장 모임 장소도 없고, 제작 비용도 십시일반 회원들이 모아 진행했습니다. 다행히 회원들은 각자 돈을 모아서라도 유지하고 싶다며 뜻을 모았고, 5명가량의 회원들과 함께 영화 제작 활동을 이어 갔습니다. 고급 캠코더 대신 핸드폰 카메라로, 로케이션 장소 섭외 대신 동네 공원으로, 포스터 대신 회사에서 몰래 출력한 A4 홍보물로, 극장 대신 지인 찬스를 이용한 카페 시사회로. 이 없으면 잇몸으로 버틴다더니 소속 없이도 우리는 영화 제작을 이어 갈 수 있었습니다. 그때 때마침 제게 좋은 기회가 왔습니다. 서울에 있는 Y장애인복지관에서 주말에 발달장애 청소년들을 대상으로 한 미디어 교육 강사 요청이 들어왔습니다. 주말이니 시간 부담도 없고, 미디어 교육에 대한 감각도 유지할 수 있어 저는 흔쾌히 수락했습니다. 그리고 떠오른 아이디어가 있었으니, 유리 씨에게 미디어 교육 현장에서 보조 교사 겸 메이킹 필름 감독을 해 달라고 SOS를 보냈습니다. 일종의 재능 기부 형식이었지요. 유리 씨는 메이킹 필름 제작을 통해 온전히 자기가 만든 영상이 나온다는 생각에 즐거워했습니다. 촬영 방식, 내용 구성, 인터뷰 등 메이킹 필름에 대한 모든 전권은 유리 씨에게 주어졌습니다. 꼬박 1년을 매주 토요일에 나와 3시간 가까운 시간을 촬영하고, 교육 보조를 하면서 유리 씨는 꽤나 다큐멘터리 같은 메이킹 필름을 만들어 냈습니다. 충무로역 소극장 '오

재미동'을 대관해 교육생들의 작품과 유리 씨의 메이킹 필름을 상영했고, 와이낫 동아리 멤버들도 초대했습니다. 시설에서 벗어난 와이낫 동아리와 유리 씨 그리고 나는 위기를 기회로 활용해 한 계단 더 올라가는 듯했습니다.

일주일에 하루 우리가 동료 되는 날
김유리

　다시는 시나리오 안 쓰겠다며 영화 동아리를 뛰쳐나가던 바로 직전 해였던 2013년 꽃 피던 봄날. 선생님께서는 나에게 제안 하나를 하셨다. 영화 동아리에서 쌓은 촬영, 편집 기술을 썩히지 말고 다른 곳에도 활용해 보자 하셨다. 주말마다 복지관에서 중고등학생 발달장애 청소년들에게 미디어를 가르치게 되었는데 수업하는 모습을 사진과 영상으로 남겨야 한단다. 내게 그 일을 부탁하셨다. 아쉽게도 복지관에서 나에게 주는 보수는 없었다. 내 생애 첫 자원봉사, 재능 기부 형식으로 참여했다. 그 대신 선생님께서 많이 챙겨 주셨다. 피자와 떡볶이도 먹으러 가고 카페에서 수다를 떨기도 했다. 언제 한번은 화장품 가게에 함께 갔는데, 20대임에도 불구하고 꾸미지 않고 다니는 나에게 화장품을 사 주시며 꾸미고 다니라며 잔소리를 해 주시기도 하셨다. 선생님과 복지 기관이 아닌 밖에서 개인적인 시간을 보낸

건 이때가 처음이었던 걸로 기억한다.

 어쨌든 간에 선생님께서 부탁하신 일은 아무리 열심히 해도 복지관으로부터 1원 한 푼도 못 받는 일이었다. 늘어지게 늦잠을 자도 모자를 주말 아침부터 왜 이 생고생을 해야 하나라는 생각도 들었지만 이왕 하기로 한 거 끝까지 해 보기로 했다. 선생님께서 나를 믿고 특별히 부탁하신 걸 무시할 수도 없었지만, 우선 경력부터 쌓아야지 나중에는 돈을 받고 그런 일들을 해 볼 수 있겠다는 생각에서였다.

 선생님은 수업 자료, 나는 카메라를 가지고 나란히 첫 수업에 들어갔다. 선생님은 학생들을 가르치시고 나는 학생들이 수업을 받는 모습을 카메라에 담았는데 이상했다. '내가 뭔데 저기 앉아 있지 않고 선생님처럼 여기서 있나.'라는 생각에 몸서리가 쳐졌다. 몇 주나 지났을까? 학생들이 카메라를 든 나를 보고 "선생님, 이거 어떻게 해요?", "도와주세요. 선생님."이라는 말을 했는데, 학생들을 가르치는 영아 선생님과 동일 선상에 있다는 기분이 들었다. 자신감이 조금씩 생긴 것이다. 나도 잘 아는 것임에도 불구하고 수줍음이 많은 성격상 들리지도 않는 모기만 한 목소리로 "저기, 저 선생님께서 알려 주실 거야."라고 말했던 기억은 아쉬움으로 남는다.

　내가 맡은 업무는 메이킹 필름을 제작하는 일이었다. 학생들이 미디어 수업을 받고 영상을 만드는 모습을 카메라에 담고 편집해야 했다. 나는 당시 영상 편집에 글쓰기보다도 강한 집념을 보였다. 완성도 여부를 떠나 당시 나에게 영상 편집은 식은 죽 먹기보다 쉬웠다. 선생님께서는 그 일을 내 마음대로 해 보라고 하셨다. 나는 판을 깔아 주고 등 떠밀어 주면 잘한다. 마음대로 해 보라니 기획도 내 마음, 영상 촬영, 편집 방식도 내 마음, 전부 다 내 마음대로 했다. 매주 토요일, 2시간에서 3시간씩 1년 동안 촬영한 그 많은 영상을 어떤 열정과 집중력으로 다 편집하였는지는 전혀 기억이 나지 않는다. 지금 그렇게 하라고 하면 백만 원을 준다 해도 못할 것 같다. 노력 대비 만족스러운 결과물을 내놓았는지도 모르겠다. 12월쯤에 충무로에 있는 작은 극장을 빌려 시사회를 진행했는데 영화 동아리를 함께했던 언니, 오빠들을 초대해 내 시사회마냥 흐뭇해했던 모습만 흐릿하게 남아 있다.

　비록 무보수의 일이었지만 이때의 경험이 경력이 되

었는지 지금은 이와 비슷한 일을 정당한 대가를 받으며 한다. 투잡을 뛴 지 올해로 벌써 5년째이다. '(사)꿈과나눔'이라는 사회복지기관에서 진행하는 성인 발달장애인 자조 모임 리더 양성 교육 프로그램에 참여하여 사진을 촬영하고 홍보 글 쓰는 일을 하는데 선생님도 1년에 몇 차례 강사로 참여하신다. 선생님은 강의를 하시고 나는 그 옆에서 사진 촬영을 하고 있으면 2013년도에 미디어 교사와 메이킹 필름 제작자로 협업했던 일이 떠올라 괜스레 미소가 지어지곤 한다.

선물합니다. 실패할 권리

김영아

 2009년부터 2023년까지 유리 씨와 저의 인연이 쉼 없이 이어지기만 한 건 아니었습니다. 소속 없이 불안정하게 유지되던 동아리 와이낫은 네 편의 작품을 끝으로 2013년쯤 자연스레 사라졌습니다. '우리 이제 끝!'이라고 공표한 건 아니었습니다. 마지막 작품을 우리끼리 모여 조촐하게 본 뒤로 자연스레 멀어졌습니다. 마치 봄, 여름, 가을이 지나 겨울이 오듯 예정된 수순 같았습니다.

 이후에도 저는 장애인 복지 일을 했지만 이직을 반복했습니다. 종종 유리 씨와는 카톡으로 안부를 묻곤 했지요. 유리 씨의 이직을 위해 직업 평가와 직업 훈련을 돕기도 했고, 새 직장을 소개해 주기도 했습니다. 우리는 친밀하지도 멀지도 않은 적당한 거리로 조금은 업무적인 관계를 유지해 갔습니다.

 2021년 12월. 저의 첫 책이 세상에 나왔습니다. 발달장애인 조력자인 제 직업 이야기를 담은 책이 세상에 나왔고, 유리 씨는 작가가 된 저와 만나고 싶다며 오랜만에 연락을 취해 왔습니다. 몹시도 춥던 1월, 우리는 합정동에서 만나 따끈한 쌀국수와 초코라테를 마시며 이야기를 나누었습니다. 유리 씨는 직접 구입한 저의 책을 살포시 내밀며 사인을 요청했고, 출간을 축하한다며 한 송이의 꽃을 선물해 주었습니다.

"저도 빨리 제 책을 내고 싶어요. 공동으로 낸 책은 있는데 제 책을 내 보고 싶어요."

다부진 표정의 유리 씨는 툭 던지듯 말했습니다. 출간과 관련한 자잘한 질문을 던지는 유리 씨의 표정은 사뭇 진지하고 묵직했습니다. 10년 넘게 작가를 꿈꾸던 유리 씨 앞에, 글 한 줄 안 쓰고 살던 제가 먼저 책을 내다니 묘한 그림이었습니다.

겨울부터 봄까지 우리는 각자의 직장에서 각자의 생활을 하며 인스타그램과 카카오톡으로 가벼운 안부를 물었고, 꿈과나눔이라는 단체를 통해 강사와 수강생으로 관계를 이어 갔습니다.

그리고 다가온 더운 여름날, 저는 그녀에게 말했습니다.

"유리 씨, 우리 같이 책 한번 써 볼래요? 서로를 인터뷰하는 내용으로요. 어때요?"

하나의 점

김영아

저보다 먼저, 더 열정적으로 작가라는 꿈을 키워 온 유리 씨에게 꿈을 실현할 수 있는 길 하나 내어 주고 싶었습니다. 어설프지만 제가 먼저 경험해 보았기에 가능한 일이었습니다. 직업적 사명감일 수도, 어쩌면 오지랖이었을지도 모르겠네요. 두 사람이 공동 집필하는 책이니 유리 씨의 이야기도 제 이야기도 들어가야 한다는 생각에 평소에 관심 있어 했던 인터뷰집을 내 보자 제안했습니다. 늘 수용적인 유리 씨는 환하게 웃으며 제 의견을 수락했습니다. 장애인재활상담사가 발달장애인에게, 발달장애인이 장애인재활상담사에게 질문하고 답변하는 방식으로 책을 써 보기로 했지요. 서로 말하듯 쓰면 쉬울 거라 생각했고, 유리 씨에게도 부담이 없을 거라 생각했습니다. 온라인 공간에 카페를 만들어 서로가 궁금한 질문을 올리고, 상대는 답을 다는 형식으로 랜선 인터뷰를 이어 갔습니다. "당신의 버킷 리스트는 무엇인가요?", "당신이 가장 좋아하는 일은 무엇인가요?", "〈이상한 변호사 우영우〉라는 드라마에 대해 어떻게 생각하나요?" 질문이 20개 가까이 쌓이고 A4용지 60페이지 가까운 분량이 채워졌습니다. 종이에 쓰인 글자는 차고 넘치는데, 정작 우리를 보여 주는 글은 없는 듯했습니다. 우리의 질문과 답변은 꼭 서로가 아닌, 길 가는 아무나 붙들고 해도 나올 수 있는 것들이었습니다. 오징어를 잡으러 멀리 떠난 배가 꽁치, 참치, 멸치, 꼴뚜기 같은 엉뚱한 생선으로 배를 가득 채워 온 것처럼 성취감이 없었습니다. 아차 싶었지요. 마음만 앞서서 대책 없이 같이 쓰자 했나 머리가 엉키기 시작했습니다. 유리 씨에게 주도권을 주고 싶은 장애인재활상담사의 마음과 글의 방향을 잡아야 하는 작가의 열정 사이에 충돌이 생긴 겁니다. 혼란스러운 가운데 기존의 글은 머리에서 싹 지우고 시간을 원점으로 돌렸습니다. 제가 애초에 원했던 것 '유리 씨의 꿈인 작가를 실현시켜 주는 것'이어야 했습니다. 발달장애인의 꿈을 현실로 만드는 것이야말로 장애인재활상담사가 존재하는 이유니까요. 비록 한 사람일지라도 꿈을 온전히 현실로 만들어 준다면 장애인재활상담사로서 사명을 느끼기에 충분하다 생각했습니다. 저는 그 주인공이 작가를 꿈꾸는 김유리이길 원했습니다. 김유리는 김영아를 보며 작가의 꿈을 키웠고, 김영아는 김유리를 보며 자신보다 더 멋진 작가가 될 거라 기대했습니다. 둘의 꿈과 기대가 교차되는 지점에 작지만 강한 점 하나가 찍혔습니다. 저는 유리 씨가 자신의 우주를 글로 펼쳐 점을 키워 나가길 바랐습니다. 발달장애인 김유리가 작가 김유리가 될 수 있도록, 그녀의 이야기가 담길 좋은 도화지를 준비했고 매주 한 장씩 건네주었습니다. 유리 씨는 새하얀 도화지에 자신의 이야기를 빼곡히 적어 제게 다시 돌려주었습니다. 저는 작가가 되어 가는 유리 씨를 바라보는 것 말고는 더 할 게 없었습니다. 하나의 작은 점으로 시작한 우리의 긴 여정은 그렇게 우여곡절 끝에 시작되었습니다.

너는 너,
나는 나

작가가 되고 싶어요

김유리

 2017년에 나는 서울의 한, 장애인 복지관에서 글쓰기 수업을 받았다. 다른 장애인 분들과 함께 전문 강사의 지도를 받으며 쓴 글쓰기 결과물이 출간으로 이어지는 수업이었다. 6개월간의 수업을 마치고, 책이 나올 수 있도록 지원해 준, 출판사 눈에 들어 글 쓰는 일을 해 볼 수 있게 됐다.
 "저 정말 취업시켜 주시는 거예요?"
 내게 주어진 업무는 중구난방인 원고를 보기 좋게 편집하는 일이었다. 해당 출판사의 특성상 편집에디터의 창작이 많이 덧붙여질수록 좋았다. 당시 나는 소설 쓰기라는 창작 활동에 푹 빠져 있었다. 한 편의 소설을 쓰듯 원고에 나의 창의력을 덧붙여서 편집하기만 하면 되었다.
 어느 일이든 그렇듯이 처음엔 의욕이 불타오른다. 내가 가진 글쓰기 능력을 최대치로 발휘했다. 어느 회사든 가능성을 보이는 직원을 가만히 내버려 두지 않는다. 회사에서는 원고 편집을 할 때 높은 글쓰기 실력을 요구하지 않는다고 했다. 그런데도 엄청 쪼아 댔다.

"발달장애인 중에서 글을 잘 쓰는 사람이 되고 싶으세요? 비장애인 중에서 글을 잘 쓰는 사람이 되고 싶으세요?"

나는 이 질문을 받을 때만 해도 출판사에서 계속 일하고 싶어서 비장애인 중에서 글을 잘 쓰고 싶다고 말씀드렸다. 지금 생각해 보면 굉장히 이상한 질문이었지만, 발달장애인 중에서 글을 잘 쓰는 사람이 되고 싶다고 대답하면 잘릴 것 같다는 느낌이 들었다. 나는 잘리면 안 되는 사람이었다. 당시 영아 선생님께서 근무하시던 복지관에 쫙 소문이 퍼졌기 때문이었다. 언제 한 번은 프로그램에 참여하러 복지관에 갔는데 "유리 씨, 출판사에 취업했다면서요? 유리 씨 정말 대단하고, 짱 멋져요."라는 말들을 들었다. 이렇게 멋진 사람이라고 소문이 다 났는데, 1년도 안 돼 잘려 버리면 체면이 구겨질 것 같았다.

회사에서는 나를 작가로 만들어 주고 싶어 하는 눈치였다. 조금만 노력한다면 문학계에 등단도 가능한 글솜

씨를 가졌다고 했다. 나도 작가가 되길 원했다. 등단도 하고, 내 이름이 적힌 책을 여러 권 남기고 싶었다. 무엇보다 출판사에서 정년 때까지 일하고 싶었다. 업무 시간에 글쓰기 교육이 이루어졌다. 국문과를 전공하신 대표님 지도하에 원고 편집 방법은 물론, 국문법도 배웠다. 국어 문법을 알면 인터넷에 아무렇게나 막 적힌 글들이 답답해 보이고 글을 잘 쓸 수 있을 거라 하셨다. 하지만 끝까지 배우지 못했다. 처음에는 의욕이 넘쳐 잘 해냈던 원고 편집도 슬슬 지겨워지기 시작했다. 안 그래도 긴 글을 읽기 어려워하는데 단 한 글자도 눈에 들어오지 않았다. 집중력 저하! 의욕 상실! 입사 초기부터 내 능력 최대치를 발휘해 버려서인지, 슬럼프에 빠져 버리고 만 것이다. 내 주제에 작가는 무슨…. 작가의 길도 내 길이 아니라는 생각이 스멀스멀 올라왔다. 체면이고 뭐고 다 필요 없었다.

내 주제에 작가는 무슨…

김유리

출판사에서는 복지 차원에서 직원들에게 책을 한 권씩 출간하게 해 준다고 했다. 어떤 주제로 원고를 쓰면 좋을지 회의를 했다. 나는 처음엔 시중에 나온 소설을 발달장애인들이 읽기 쉽도록 바꿔 보면 어떨지 의견을 냈다. 직접 원고도 써 보고, 얼마나 수요성이 있을지 지인들께 여쭙기도 했다. 발달장애인 인구수 25만 명, 그중에 글을 읽을 줄 아는 발달장애인을 추려 내면 적은 숫자일 거다. 저작권 문제는 다음에 생각한다고 해도, 회사에서는 수요성이 없다고 판단했다. 나는 그동안의 노력이 아쉬웠지만 이내 평정심을 되찾았다. 읽기 쉬운 책은 그것만을 전문으로 하는 출판사에서 나보다 더 잘 만들어 줄 것이다.

회사에서는 내 이야기를 써 보면 어떻겠냐고 제안했다. 확실히 기억은 나지 않지만 '어릴 때, 왕따를 당했던 경험이라든지…'라는 말에 "어릴 적 이야기 말씀하시는 거죠?" 이 질문 딱 하나 던지고, 그날 저녁부터 나 혼자서 원고를 막 써 내려갔다. 단 몇 주 만에 한글 문서 기준으로 30페이지를 훌쩍 넘길 정도로 나 혼자 신이 났다. 꿈에 그리기만 했던 출간 작가가 될 생각을 하니 지치는 줄도 몰랐다.

회사의 허락을 받고 원고의 일부를 페이스북에 올려 독자의 반응을 살펴보았다. 나의 어릴 적 이야기를 쓰는 것은 아닌 것 같단다. 페이스북 좋아요 수가 몇 개나 되냐는 것이다. 페이스북 친구를 맺은 지인들 중엔 친구 수가 1,000명이 넘는 분들이 많아서 못 보고 지나쳤을 거라고 말씀드렸다. 그래도 내가 쓴 글만 안 보일 리 없는데 좋아요 수가 많아 봐야 서너 개지 않느냐고 했다. 다른 주제를 생각해 보자고 했다.

어릴 적 이야기는 사람들이 아무도 관심을 가지지 않을 거라고 했다. 학교를 졸업하고 먹고살기 바빠 죽겠는데 누가 남의 어린 시절에 공감을 하겠냐는 것이었다. 아직 원고의 방향성이 확실히 정해지지도 않았는데 나 혼자 막 썼다는 핀잔을 듣기도 했다. 학교를 졸업하고 난 후 취업을 하기 위한 과정을 적어 보자고 했다. 남의 어린 시절에도 관심을 안 가지면 남의 직장 생활에도 관심을 가지는 사람이 없을 거라는 생각이 들어 의아했다. 요즘은 직장 생활에 찌든 사람들이 많아 다들 공감할 거라고 했다. 직장 생활을 다룬 웹툰이 요즘 인기가 많다고 했다. 먼저 목차를 생각해 봤다. 첫 면접 보던 날의 설렘, 첫 월급 받고 졸업한 학교에 찾아갔던 기억, 팀장의 부재로 어렵게 업무를 터득해, 팀장 일을 도맡아 했지만 우수사원상만 받고, 승진은 되지 않아 속상했던 날들…. 하지만 목차만 정해 놓고 쓰지 못했다. 아니 쓰지 않았다. 같은 시기, 나는 업무 향상을 위한 혹독한 글쓰기 트레이닝을 받았다. 나는 직원보다 1시간 일찍 회사로 출근해 글공부하라는 대표님의 지시를 따라 보았지만 오래가지 못했다. 아무도 없는 사무실에 나와서 뭘 어쩌란 말인가? 회사에 일찍 출근해도 공부하기는커녕 멍하게 앉아 창밖만 바라보던 날이 많았다. 작가는 내 길이 아니라는 생각에 사직서를 제출했다. "글 쓰는 일이 그렇게 쉬운 일이더냐."라는 부모님의 잔소리는 옵션으로 따라붙었다.

  이후 한동안은 글을 쓰지 않았다. 글이라면 신물이 났다. 난 하나도 기억이 안 나지만, 몇 년 전에 친구가 요즘도 글 열심히 쓰냐는 질문을 했는데 "나 이제 글 안 쓸 거야."라고 답했단다. 아마도 출판사를 관두기 직전이거나 직후였나 보다. 1년 전까지만 해도 주위에서 그동안 쓴 글들을 모아 책을 내 보라고 해도 "아뇨, 전 책 못 내요."라고 말했다. 이런 내가 이 짓거리를 또 하고 있으니 사람 일이란 알 수가 없다.

질타에 불투는

김영아

 자타공인 김유리 작가는 글을 잘 씁니다. 잘 쓴다는 게 뭔지 아직 잘 모르는 저이지만, 적어도 유리 씨가 쓴 글을 읽으면 전달이 잘되고 막힘이 없습니다. 그런 유리 씨의 막힘없던 글이 이 책의 원고를 쓰는 과정에서는 조금 달랐습니다. 문장에 힘이 바짝 들어가고, 어려운 표현이 자꾸 늘어 갔습니다. 특유의 생기가 글에서 느껴지지 않았습니다. 이상하다. 뭐가 문제일까…. 유리 씨 글을 백번 쳐다봐도 이해될 리 없었습니다. 만나서 대화를 나누면 조금은 수줍고 친절한 유리 씨인데, 글에 보이는 유리 씨는 딱딱한 사람 같았습니다.

 유리 씨에게 쉽고 일상적인 용어로 써 달라 부탁했으나, 돌아온 답변은 "그렇게 쓰면 초등학생이 썼다고 생각하지 않을까요?"였습니다.

 아… 유리 씨는 초등학생이 쓴 글로 보일까 봐 걱정한 거였구나. 조금은 이해가 되었습니다. 유리 씨가 근무

한 출판사 이야기를 구체적으로 한 건 이번이 처음이었습니다. 출판사에 취업했다기에 이렇게 덕업일치를 이루는구나 싶어 부러웠죠. 그런데 그 과정을 들은 저는 속된 말로 속이 뒤집어졌습니다. 문법, 맞춤법, 독자의 반응을 유난스레 살피던 그녀의 행동이 이때 시작된 거였구나. 이해가 되었습니다.

"잘 써야 한다는 강박 관념이 이때부터 생겼어요. 제 글을 읽고 맞춤법이나 비문 같은 걸 봐 주는 경우도 있는데 가끔은 고치기 힘들 때가 있어요. 선생님은 고치라고 안 해 주셔서 편하게 글 쓰고 있어요."

우리가 함께 글을 쓰던 첫날. 유리 씨는 제게 말했습니다.

"선생님, 제 글에 빨간 펜 많이 그어 주셔도 돼요. 저 상처 안 받아요. 걱정 말고 마구 고쳐 주세요."

"제가 유리 씨 글을 왜 고쳐요? 저 안 고칠 건데요."

저는 빨간 펜을 줄 의사가 전혀 없습니다. 정확히는 빨간 펜을 가지고 있는 사람이 아닙니다. 며칠 전 유리 씨에게 우리 기획안을 다시 엎자는 이야기를 건넸습니다. 유리 씨는 혼란 속에서 불안감이 극에 달했습니다. 또 엎는다니…. 말 그대로 멘붕….

저는 유리 씨에게 지금의 마음 상태 그대로 종이에 글로 써 보라고 했습니다. 불안함이 한가득인 툭툭 치는 듯한 문장들이 펼쳐졌습니다. 감정이 살아 있는 상태에서 글을 쓰니 문장의 딱딱함이 사라졌습니다. 이거다 이거!

"유리 씨, 지금 글 너무 좋아요. 우리 이 글 꼭 실어요."

"정말요? 이 글이 좋아요? 잘 이해는 안 되지만…. 저, 그러면 문장 조금만 다듬어서 다시 드릴게요."

다음 날 유리 씨는 전날의 글을 보완하여 제게 보여 주었습니다. 이뿔싸…. 감정이 한가득이던 글이 이성적 표현으로 다 덮여 버렸습니다. 이걸 어쩐다. 저는 다시 혼란에 빠졌습니다. 방법은 하나였습니다. 본인이 문장을 보고 스스로 느끼게 하는 것뿐이었지요. 유리 씨는 첫날 쓴 글은 초등학생이 쓴 듯한 안 좋은 글. 이튿날 수정한 글은 작가다운 글이라 여겼습니다. 카톡을 열어 유리 씨에게 조심스레 말을 걸었습니다.

"유리 씨. 유리 씨는 독자 입장에서 쉬운 글이 좋아요? 어려운 글이 좋아요?"

"당연히 쉬운 글이 좋죠. 읽기도 편하구요."

"저도 그래요. 그러면 이 책을 읽는 독자들도 마찬가

지 아닐까요? 자… 지금부터 한번 상상해 볼게요. 유리 씨가 내일 출근을 했는데 갑자기 회사에서 '유리 씨, 내일부터 당신은 해고입니다!'라고 통보했어요. 유리 씨는 어떤 말이 나올 것 같아요? 딱 떠오르는 말을 내질러 보세요."

"'아니 왜요?'라는 말이 나올 것 같아요."

"그쵸? 저라면요 '와 씨… 미친 거 아냐?'란 말이 나올 것 같아요."

"자, 유리 씨…. 지금 우리가 말한 상황을 책 속의 글로 옮겨 볼게요. 잘 보세요."

1번) 나 회사 잘렸다. 아니 왜? 미친 거 아냐?
2번) 나는 오늘 사측에서 해고 통보를 받았다. 지금은 충격에 휩싸여 있는 상태이다.

1번과 2번 중 어떤 문장이 더 감정이 잘 전달되나 물어보았습니다. 1번이 더 좋다는 반응이었지요.

"유리 씨, 해고 통보를 당한 사람이 '나는 충격에 휩싸여 있다.'라는 말을 할 만큼 차분한 건 말이 안 돼요. 그쵸? 저건 제3자가 충격받은 사람을 관찰하며 쓴 것 같잖아요."

"네, 그죠."

저는 유리 씨의 글로 수정 전, 후를 비교하여 보여 주었습니다.

하지만 지금은 약간 혼란스러운 상태이다.
→ 선생님과 카카오톡 메시지로 1시간이 넘도록 긴 이야기를 나누고 난 지금은 불안감에 흠뻑 젖어 있는 상태이다.

독자의 눈으로 보세요. 둘 중 어떤 게 더 잘 전달돼요?
"처음 문장이 더 와닿아요."
본인의 문장을 놓고 독자의 시선으로 보라 하니 유리 씨는 그제야 제가 말한 좋은 글의 의미를 이해했습니다. 예전에 혹독하게 글을 배우며 살아 있는 글을 죽이는 방법을 배운 것 같아 마음이 복잡해졌습니다.

"유리 씨, 제가 어제 글이 좋다고 한 이유는요. 작가의 불안함이 온전히 독자에게 전달되어서예요. '나는 불안해요!'라고 주장하는 게 아니라. 불안한 사람이 쓴 글이어야 해요. 정말 좋은 글은요. 작가의 감정과 독자의 감정이 똑같이 흐르는 글이에요."

"아…. 저는 저런 문장은 다 고쳐야 잘 읽히는 책이 되는 줄 알았어요. 그동안 글을 엄청 많이 수정해서 보내 드렸는데….."

"절대 글 고치지 말고, 한 번에 휘리릭 써서 바로 보여 주세요. 손대면 댈수록 글은 안 좋아져요."

"그래도 비문, 오탈자, 맞춤법은 수정해서 드려야죠?"

"아뇨. 신경 쓰지 말고 쓰세요. 오탈자나 맞춤법은 출판사가 우리보다 더 잘해요. 그냥 막 써요 막."

"네. 그거라면 자신 있죠."

저는 제가 좋아하는 문장을 유리 씨에게 알려 주었습니다. 오래전 9시 뉴스 메인을 장식하기도 했던 마광수 교수의 《즐거운 사라》는 제가 좋아하는 작품입니다. 외설 논란에 시달리긴 했지만 그렇게만 치부하기엔 아까운 작품이라 생각합니다. 이 책에는 '질타에 불투는'이라는 표현이 나오는데 '질투에 불타는'의 비문입니다. 주인공이 얼마나 질투심이 이글이글 끓어오르면 잘못 쓴 줄도 모르고 저렇게 썼을까 싶게 감정이 살아서 전달되는 명문장이지요.

"유리 씨, 보세요. '질타에 불투는'은 비문이지만, 오히려 비문이라 감정이 확 살죠? 일부러 비문을 만들 필요는 없지만 때로는 이런 비문이 감정을 전달해 주기도 해요. 정말 질투에 불타는 작가의 상태가 전달되잖아요. 제가 문장을 고치지 말고 휘리릭 쓰라고 한 이유예요."

"아… 이제 조금 알 것 같아요. 제 지금 감정 그대로 쓰면 되잖아요. 저 자신 있어요. 다만 사람들 눈치 때문에 그렇게 못 썼어요…."

제가 할 일은 크고 대단한 게 아니었습니다. 유리 씨가 자기 글을 편하게 쓸 수 있게 해 주는 것. 처음 쓴 원석 상태의 글이 얼마나 좋은 글인지 알게 해 주는 것. 김유리다운 글을 세상에 내어 놓는 것. 그거면 충분했습니다.

이제야 숨통이 트일 것 같아요

김유리

  2021년에 발달장애인 글쓰기 모임에 참여했다. 피드백이 없어서 놀랐다. 2017년에 글쓰기 모임에 참여했을 때는 피드백을 왕창 받았다. 그게 당연한 줄 알았는데 피드백이 없는 글쓰기 모임이라니, 너무 허전해 "제가 쓴 글 어때요?", "글이 이상하지 않나요?"라며 피드백을 해 달라고 사정을 했더니 두 장짜리 원고에 딸랑 A4용지 반 페이지 피드백을 받았다. 그러면서 글이 전혀 이상하지 않다는 말들을 들었다.

  출판사에서 잠시 근무하면서 10페이지 원고면, 10페이지에 빨간 펜이 쫙쫙 그어진 걸 수없이 받아 본 나로서는 놀랄 수밖에 없었다. 글 실력이 그새 늘지도 않았을 텐데 의아했다. 머지않아 이유를 알 수 있었는데 글쓰기 모임 조력자가 나에게 이런 말을 했다.

  "이 세상에 못 쓴 글은 없어요." 여기서 나는 우와! 했다. '발달장애인 중에선 내가 제일 글을 잘 써.'라며 의

기양양했던 날들도 있었는데 반성이 되는 순간이기도 했다.

영아 선생님도, 선생님의 소개로 만난 미후지 작가님도 글에는 높고 낮음이 없다고 하시니 다시 한번 감동의 눈물이 주룩주룩 흘러내린다. 원고를 내 마음이 내키는 대로 써 보자고 하셨다. 틀린 맞춤법, 비문 따위는 원고를 쓸 때만큼은 신경 쓰지 말자고 하셨다. 생각을 쥐어 짜내 문장을 억지로 꾸며 쓰지 말자고도 하셨다. 글을 아는 발달장애인이라면 쉽게 읽을 수 있도록 써 보자고 했다. 비로소 살 것 같다. 내가 제일 좋아하는 글쓰기 방식이 아니던가. 그동안 사람들의 시선 때문에 이렇게 글을 쓰지 못했다. 앞으로는 글이 신나게 써질 생각에 룰루랄라 콧노래가 절로 나온다.

김영아 작가가 김유리 작가에게 원고 기획력과 방향성에 대해 혼란을 주었던 날, 영영 책이 나올 수 없을 거라는 불안감에 맞춤법, 비문, 문장력 따윈 무시하고 글을 막 써 내려갔다. 뭐가 급했는지 막 써 내려간 글을 하나도 고치지 않고 보내 드렸다. 그런데 그 글이, 지금까지 내가 썼던 글들 중에 책에 반드시 실어야 할 정도로 걸작이란다. 다시 써야 할 보잘것없는 글이 아니고 손을 볼수록 망치는 글이란다. 난 아직도 믿을 수 없다.

  이쯤에서 이런 의문이 든다. 글이란 게 비장애인도 쓰기 어려워하는 것이 아니던가. 내가 발달장애를 가져서 이 정도의 글이어도 잘 썼다라고 해 주는 것인지.

  나의 정돈되지 않은 글에 빨간 펜을 쭉쭉 긋고 싶어 안달이 난 사람들에게는 이렇게 묻고 싶다. 글이라는 게 내 생각을 전달하는 소통 수단인데, 당신들이 뭔데 남의 생각에 빨간 펜을 찍찍 그어 대며 '감 놔라, 배 놔라' 하는 것인지.

  이랬다저랬다 하는 사람처럼 보이지만, 전자의 사람들에겐 그러지 않아도 된다고 말하고 싶고 후자인 사람들에게는 그러지 말아 달라고 말하고 싶다.

비닐 봉다리에 담긴 글

김영아

저 또한 그녀 같았습니다. 은유적 표현이 있고, 지적인 단어가 들어가야 좋은 글이라 여겼습니다. 직업 특성 때문에 행정 기관에 제출할 보고 자료 쓸 일이 많은 저는 딱딱한 용어를 쓰는 게 익숙했습니다. 지금도 일상적인 단어보다 행정적, 학술적 단어로 쓰는 글이 더 쉬운 것도 사실입니다. 이랬던 저도 글에 대한 태도를 바꾼 지는 1년이 채 되지 않습니다. 첫 책을 출간하고 만난 미후지 작가님의 반복된 조언 덕분에 달라질 수 있었습니다. 작가님은 제게 글 쓰는 방법이 아닌 '작가의 상태'가 중요함을 알려 주셨습니다. 그리고 글은 무조건 쉽게 써야 한다고 했습니다. 처음에는 당최 감을 잡을 수 없었지요. 한글 파일을 열어 놓고 한 글자도 못 쓰고 닫은 날도 많았습니다. 흰 종이에 점 하나만 찍어도 작품이라는데, 점 하나 찍는 것조차 제겐 버거웠습니다. 쓰고 싶어 속은 끓어오르는데, 키보드에 손만 대면 얼음이 돼 버리니 미칠 노릇이었지요. 이랬던 제가 일상 언어로, 제 생각을 고스란히 풀어낸 글이 좋은 글임을 느낀 건 아이러니하게도 업무 글을 보면서였습니다. 장애인복지 현장에서는 하나의 서비스나 프로그램을 하면 '일지'를 작성합니다. 오늘 진행한 프로그램의 계획, 내용, 성과, 참여자의 행동 등을 기록하여 사업의 근거로 남기는 거죠. 그런데 이 글은 딱딱한 전문 용어가 한가득이고 담당자의 판단이 강력하게 개입되어 있는 것이 문제였습니다. 프로그램 참여자는 생동하는데, 그 활동이 글로 표현되는 순간 무생물로 죽어 버렸습니다. 프로그램을 진행한 사람이 아니면 해석이 어려운 표현도 많았습니다. 적어도 우리 팀 업무 기록만이라도 달라져야겠다 싶었습니다. 쉽고 일상적인 단어로, 보이는 장면과 행동을 있는 그대로 적도록 했습니다. 예를 들어, '이○○ 님이 스트레스를 많이 받았다.'라는 문장을 봤을 때, 이 사람이 무슨 행동을 했길래 스트레스를 받았다고 해석했는지 제3자는 알 길이 없습니다. '이○○ 님이 한숨을 계속 쉬고 머리를 손으로 뜯는 것으로 보아 스트레스 받았음을 알 수 있었다.'처럼 보이는 모습을 글로 표현하면, 제3자도 이해가 쉽지요. 에세이는 객관적 사실보다는 작가의 내면을 표현하는 글입니다. 업무 기록처럼 보이는 장면을 묘사할 일은 적겠지만, 작가의 마음과 생각을 있는 그대로 떠다 종이에 살짝 내려놓는 것이 핵심입니다.

제가 유리 씨에게 쉽게 쓴 글, 수정하지 않은 글이 좋은 글이라 말한 것은 그녀가 발달장애인이어서가 아닙니다. 마음과 머리에 있는 것을 퍼 올린 처음의 그 상태가 가장 깨끗하기 때문입니다. 이 깨끗한 걸 포장하겠다고 만지작거리고 랩을 싸고, 스티커를 붙이고, 리본을 매는 순간… 본래의 글은 없고 화려한 포장지만 남게 되지요. 마치 고급 선물처럼 보자마자 눈에는 띄지만, 막상 뜯으면 허무하고 배신감만 남는 선물 세트 같은 글은 원하지 않았습니다. 작가 김유리의 글은 반짝이는 포장지가 아닌 싸구려 비닐 봉다리에 담아 놔도 사람들이 진가를 알아볼 거란 확신이 있었습니다. 그 확신이 '당신 손에서 나오는 대로 쓴 글이 가장 김유리다운 글'이라고 말할 수 있는 유일한 근거입니다.

제 글을 보고 연락 주셨다고요?

김유리

2017년 봄, 지금도 활동 중인 '우리함께'라는 자조 모임에서 신규 회원 모집을 하게 되었다. 언론사에 모임 홍보 글을 내 보기로 했는데 본의 아니게 그 일을 내가 맡게 되었다. 어린 시절부터 당시까지 나의 이야기를 A4용지 한 장 분량으로 써서 에이블 뉴스라는 장애인 인터넷 신문사에 기고했다. 이 글을 통해서 모임에 가입하겠다는 회원은 한 명도 없었던 것으로 기억한다. 지금 그 글을 다시 읽어 보니 왜 한 명도 없었는지 알 것 같다. 모임 홍보 글인데 내 이야기만 잔뜩 있고, 모임 이야기는 겨우 한 단락뿐이었다. 딱 한 명에게서 연락을 받았는데 그 사람은 모임에는 관심이 없었다.

"에이블 뉴스에 실린 기고문 보고 연락드렸는데요. 본인이 직접 쓰신 글이 맞나요?"

"제가 썼긴 한데, 피드백을 받았어요."

"저는 복지관에서 일하는 사회복지사예요. 저희 복

지관에서 글쓰기 수업을 하거든요. 한번 참여해 보시지 않으실래요?"

나도 글쓰기 수업을 들을 수 있게 되었다는 엄청 기쁜 마음에 얼른 "네!"라고 대답했다. 그런데 맙소사! 포스터를 받아 보니 아쉽게도 교육 시간이 평일이었다. 퇴근 시간은 저녁 6시, 수업은 7시부터 시작되지만 회사와 복지관은 거리가 멀었다. 혹시나 회사 근처나 집 근처 복지관에서 비슷한 수업을 하는지 알아보았지만 찾을 수가 없었다. 비장애인을 대상으로 하는 글쓰기 수업은 많있다. 그렇다고 비장애인들과 함께 수업을 받기엔 겁이 나서 선뜻 신청하지 못했다. 강사님이 날 답답해하면 어떻게 하지? 수강생들이 날 이상한 사람 취급하면 어떻게 해야 할까? '난 이번 생애선 글쓰기를 제대로 배워 보지 못 하는가 보다.'라며 포기하려고 했지만 한 가지에 꽂히면 어떻게든 물고 늘어지는 김유리다.

일주일에 하루만 업무 시간 조정이 가능한지 회사에 문의했다. 아쉽게도 협의 실패! 나는 담당 사회복지사 선생님께 참석이 어렵겠다고 말씀드렸다. 이 말 하나를 하는데 세상 잃은 사람처럼 기운이 쫙 빠졌다. 그러자 교육 시간이 주말로 바뀔 수 있을 것 같다는 말을 들었다. 주말에 하게 되면 들을 수 있다고 말씀드렸다. 절대 놓쳐선 안 되는 기회! 교육 시간이 바뀌게 되면 꼭 연락 달라는 당부를 드리고, 교육 신청에 필요한 글 한 편은 언제까지 제출하면 되는지 여쭈었다. 포스터에 적힌 마감 기한이 얼마 안 남았기 때문이었다. 감사하게도 담당 선생님께선 기고문으로 대신하겠다고 하셨다. 며칠 후 교육 시간이 평일 저녁에서 주말 오전으로 바뀌었다는 소식을 전해 듣게 되었다. 그렇다면 당연히 참석할 수 있었다.

글쓰기 모임 참여자로 선정이 되었다는 메일을 받고 '우리함께' 모임에 자랑 겸 감사 인사를 올렸다. "이게 다 언니들 덕분이에요." 글을 쓴 건 나였지만 모임에서 나한테 홍보 글을 써 보라고 등 떠밀어 주지 않았다면 오지 않았을 기회였다. 복지관에서 장애인을 대상으로 글쓰기 수업을 한다고 홍보를 엄청 많이 했겠지만 내 눈에는 띄지 않았기 때문이다. 모임에서 나처럼 글쓰기에 관심이 많은 회원도 신청해서 함께 수업을 들었다. 2017년 4월부터 10월까지, 장장 6개월에 걸친 글쓰기 수업이 시작되었다. 단순한 글쓰기 수업이 아니었다. 우리나라에서 유명하기로 손꼽히는 대학교 국문학을 전공한 강사님의 지도로 글을 쓰고, 결과물이 책으로 출간되는 꽤 전문적인 교육이었다.

  모임에서는 홍보 글을 쓸 사람은 나밖에 없다고 해 주었다. 공고문을 보고, 따로 신청서를 제출하지 않았는데 프로그램을 진행하는 사회복지사의 눈에 띄어 스카우트되었다. 거기다가 수업 시간도 변경해 주었다. '사람들이 이제야 글 쓰는 나를 알아주고 있구나.'라는 생각에 잠시 우쭐해지기도 했다.

잠재력 키우기 프로젝트

김유리

 드디어 기다리고 기다리던 내 생애 첫 글쓰기 수업이 시작되었다. 뇌병변, 지체, 지적, 자폐성 장애를 가진 8명의 사람들이 함께 매주 토요일마다 복지관에 모여 글쓰기 수업을 받게 되었다. 강사님은 책 출간을 맡아 줄 출판사 대표님이셨다. 오리엔테이션 겸 1회기 수업을 마치고 단톡방이 만들어졌는데 다들 필력이 장난 아니었다. 카톡 메시지가 한 편의 에세이처럼 정돈됐다는 느낌을 받았다. 난 카톡을 보낼 땐 맞춤법도 엉망이고, 뭔 소리 하는지도 모르게 보내는데 여기서 기가 팍 죽었던 걸로 기억한다.

 특히 L 언니의 글은 최소 2번 이상은 읽어야 이해가 가능했다. 너무나도 갖고 싶은 필력을 가지고 계셨다. 나는 L 언니를 내 마음속 경쟁자로 정했다. 언니의 문체를 닮고 싶어 여러 번 소리 내어 읽어도 보고 흉내도 내본 기억이 난다. 나와 또래로 보이는 자원봉사자 J도 함께 수업에 참여했는데 참여자의 글을 피드백해 주는 역할을 했다. 수업은 강사님께서 한 가지 주제를 정해 주시면 일주일 동안 수필이나 에세이 글을 써서 온라인 카페에 올렸다. 보통 유년 시절의 기억, 나의 학창 시절, 무언가를 해내었던 경험 등 일상을 주제로 글감이 주어졌다. 수업 시간에 피드백을 받는 형태로 진행되었는데, 재미없게 글만 쓰지는 않았다. 수업이 끝나고 여자 참여자끼리 복지관 앞 청계천 나들이를 가기도 했다. 자원봉사자 J도 함께 갔는데, 이후에 친해져서 6년이 지난 지금까지도 꾸준히 연락하며 지내고 있다.

하지만 이 수업이 마냥 즐겁지는 않았다. 강사님은 내 글이 좋다고만 하지 않으셨다. 공개적인 자리에서 내 글은 까였다. 왕창 까였다. 첫 만남부터 언니 같고 친구 같고 동생 같은 사람들이어서인지 자존심 상하진 않았지만 글을 고치는 게 너무 힘들었다. 내 눈엔 고쳐야 할 점이 전혀 안 보이는데 한 무더기로 나왔다. 오탈자, 비문을 수정하라는 건 그대로 고쳐 쓰기만 하면 되니 별로 어렵지 않았는데. 좀 더 자세히 묘사해 보라는 피드백을 받으면 미치고 팔짝 뛸 노릇이었다. 독자가 궁금해하지 않게 촘촘히 설명해 주는 것이 좋다고 했다. 굳이 밝히고 싶지 않은 내용이라 일부러 적지 않은 것인데 어쩌라는 것인지, 이러지도 못하고 저러지도 못한 채 펜을 놓고, 멍하니 있는 날도 수두룩했다.

후에 다른 글쓰기 모임에 참여했을 때 피드백이 없다는 것이 굉장히 낯설 수밖에 없을 정도로 A4용지 10장이면 10장에 모두 빨간 펜이 쭉쭉 그어졌다. 빨간 펜을 조금이라도 덜 받아 보려고 과제를 제출하기 직전까지 고치고 또 고쳤다. 6년이나 지난 일이지만 이 버릇은 아직도 남아 있다. 감정이 북받친 상태에서 막 써서 바로 보내 드린 '저더러 어쩌라고요'라는 제목의 글이 선생님께서는 지금까지 내가 쓴 글 중에 최고! 책에 반드시 실어야 할 글이라고 하셨다. 이후엔 나도 모르게 수도 없이 고친 글을 드리는 탓에 그런 임팩트 있는 글을 쓰지 못하고 있다. 비문이 있어도 상관없으니 글 고치지 말고, 휘리릭 쓰라는 당부를 하셨건만 지금 이 순간에도 기어이 고치고 있다.

맞춤법 검사기를 수차례 돌리고 원고를 제출했는데도 강사님과 J는 오탈자, 비문을 귀신같이 찾아냈다. 강사님은 참여자의 글쓰기 잠재력을 끌어내 주고 싶어 하셨다. 글의 기교, 문학적 표현, 살아 있는 글을 쓰는 법,

다양한 글쓰기 방법을 알려 주셨다. 내겐 쉽지 않은 과정이었다. 지금은 수업 때 배운 글쓰기 기법을 다 까먹었다. 기법은 다 잊어버렸어도 그렇게 써야 한다고 인식하고 있나 보다. 이번에 선생님과 함께 쓰고 있는 책은 기교 부리지 않고 담백한 글을 쓰기로 했는데 어디 꾸밀 만한 구절이 없나 머리를 쥐어 짜내고 있다.

난생처음 경험한 인정사정없는 피드백에 '난 한참 모자라구나.'라며 주눅이 들다가도 어느 부분은 표현력이 좋다는 피드백을 받으면 기분이 언제 다운됐냐는 듯 한껏 업이 되곤 했다. 당시 나는 에세이보다 시 쓰기, 동화 쓰기에 푹 빠져 있었는데 과제물뿐만 아니라 다른 글도 많이 써서 온라인 카페에 올렸다. 강사님과 함께 출판사를 운영하시는 대표님께서 여느 시에 비하면 한참 모자라지만 지인들에게 보여 주니 반응이 좋았다고 말씀해 주신 기억이 난다. 어느 정도로 필력을 가지고 써야 내가 쓴 시도 시라고 할 수 있는 건지 궁금했지만, 어쨌든 최종적으로는 좋다고 말씀하셨으니 나도 좋았다. 한번은 강사님께서 자신이 운영하는 출판사의 업무를 소개해 주셨다. 나도 출판사에서 일하고 싶었다. 오래전부터 출판사에서 일하는 게 꿈이었다. 손을 번쩍 들었다.

"저도 그 일을 해 볼 수 있을까요?"

이후, 6년간 잘 다니던 직장을 그만두고 출판사로 이직했다. 돌이켜 보면 수많은 선택 중에 가장 후회되는 선택이었다.

너와 내가 쏘아 올린 작은 공

김영아

 거의 1년 만이었습니다. 한동안 연락이 뜸했던 유리 씨에게 오래간만에 연락이 왔습니다. 그녀는 근무하던 출판사를 그만두었다고 했습니다. 저 또한 새로운 직장에 자리 잡은 지 3개월이 된 시점이었지요. 코로나로 채용 시장이 꽁꽁 얼어붙은 시기라 덜컥 퇴사 소식을 전한 유리 씨가 걱정되었습니다.

 "유리 씨, 일해야죠. 이제 30대라 이직도 쉽지 않은데…."

 "네, 그래야죠. 선생님, 저 취업할 곳 알아봐 주실 수 있으실까요?"

 오랜만에 만난 유리 씨는 장애인들이 모여 글 쓰는 자조 모임에서 공동으로 책을 냈단 소식을 전했습니다. 때마침 저도 첫 책의 원고를 마무리한 시점이었습니다.

 "와! 유리 씨, 대단해요. 글 잘 쓰더니 기어이 책을 냈네요!"

 책을 냈다는 결과물만 보았던 저는 유리 씨가 이렇게

힘든 과정을 겪은 줄 전혀 몰랐습니다. 유리 씨는 저와 직업 평가를 받았고 한 달도 안 되어 취업에 성공했습니다. 그때 취업한 회사에 여전히 몸담고 있고, 최근엔 업무 능력을 인정받아 승진하기도 했습니다. 이제는 본격적으로 작가라는 두 개의 직업을 가진 멀티플레이어가 되었지요. 오랜 시간 작가를 꿈꿔 온 유리 씨지만, 구체적으로 생각하게 된 계기는 글 모임과 출판사 근무를 시작하면서부터라 했습니다. 평소 자기 이야기를 잘 안 하는 사람이라 이번 글을 통해서야 그때의 뒷이야기를 들을 수 있었습니다. 저는 운명론자에 가까운 사람이라 될 일은 어떻게든 된다고 생각하는 편인데, 유리 씨의 이야기를 보면서 그녀는 작가가 될 운명이었다는 생각이 들었습니다. 자조 모임 회원 모집을 위해 올린 기사 글이 계기가 되어 글 모임에 참여하게 될 줄 누가 알았을까요. 그 길이 취업으로 연결되고 아픈 과정을 겪긴 했지만 작가의 길로 이끄는 계기가 되었습니다.

  저도 유리 씨처럼 예상치 못한 작은 계기가 작가의 꿈으로 연결되었습니다. 첫 직장 동료가 온라인 시 필사 모임을 운영한다기에 별 생각 없이 참여한 게 글쓰기의 시작이었으니까요. 저는 글을 써 본 적도 쓸 생각도 없었지만 하루 10분 시를 쓰며 글과의 만남을 시작했습니다. 매일 한 편씩 리더가 올려 주는 시를 따라 쓰고 단상을 간단히 쓰기만 하면 되는 일이었습니다.

  그렇게 시작한 시 필사를 930일간 꾸준히 참여했습니다. 그저 시를 보고 따라 쓰기만 한 건데 어느 순간 '나도 한번 내 글을 써 볼까?' 하는 생각이 들었던 거죠. 블로그를 개설해 생각나는 대로 글을 끄적이기 시작했습니다. 글이 하나둘 모이니 꽤 많은 분량이 쌓였습니다. 때마침 그해는 제가 장애인재활상담사로 근무한 지 20년이 되는 해였습니다. 나의 20년을 기념하는 책을 내 보자는 생각으로 넘어갔고, 자연스레 저의 첫 책은 세상에 나오게 되었습니다. 그리고 그 책을 계기로 유리 씨와 책을 쓰는 지금 이 순간을 맞이하고 있습니다. 삶의 큰 변화나 성과는 처음부터 계획하고 준비한다고 되는 것이 아닌가 봅니다. 오히려 생각지 못한 소소한 일이 큰 성과로 이어지는 경우가 많은 것 같습니다. 김유리의 기사 글, 김영아의 시 필사처럼 말입니다.

너와
함께라면

속 편하자고 글을 씁니다만…

김유리

"내가 요즘 원고 쓰기에 살짝 미쳐 있어서 그렇지, 안 그랬으면 멘탈 아작 났을 거야."

남동생이 올해 5월에 결혼을 한다. 나에게 올케가 생기고, 새 식구를 맞이하게 된다는 이야기인데 동생한테는 미안한 이야기지만, 나는 이 과정이 좀 힘들다. 예비 올케에게 먼저 말을 걸고 싶은데 낯을 많이 가리는 성격인 나에게는 쉽지 않은 일이기 때문이다. 가족 모임 때마다 예비 올케도 만나는데 딱 두 마디 한다.

"안녕하세요.", "안녕히 가세요."

"언니, 나는 올케랑 말 편하게 하기까지 꼬박 1년 걸렸어. 원래 시집 안 간 나이 많은 시누는 어렵데."

올케와 평생 동안 두 마디씩만 하고 지내게 되는 걸까? 올케 될 사람이랑 친해졌냐고 물어 온 사촌 동생에게 "아니."라고 답했다. 나보다 먼저 새 식구를 맞이한 사촌은 내가 보기엔 활달하고 붙임성도 좋다. 그런데도 새 식구와 친해지기까지 1년이라는 긴 시간이 필요했다니, 친한 친구들, 심지어 30년 넘게 함께 지내 온 가족들 앞에서도 말을 도통 하지 않는 나는 시간이 더 필요하겠지, 올케도 낯을 많이 가리는 성격인 것 같은데 시집도 안 간 나이 많은 시누이인 나에게 먼저 말 붙이기 어려웠을 거야, 괜한 속앓이를 하고 있었구나.'라는 생각이 들었다.

나는 이렇게 하지 않아도 될 걱정까지 사서 하는 편이다. 이런저런 걱정이 들 때면 걱정되는 그 일에 대해서 글을 쓴다. 그러면 금방 풀어지다 카톡도 글로 이루어진 대화여서 그런지 동생과 이야기 나누면서 걱정이 금방 사그라졌다.

요즘은 걱정을 한시름 덜어 내려고 글을 쓰지만 어릴 때 나는 살기 위해 글을 썼다. 살기 위해서, 죽지 않으려고, 글쓰기에 몰두하고 있으면 죽고 싶다는 마음이 사라졌다. 어릴 때 반 아이들에게 괴롭힘을 당한 날이면 일기장에 뭔가를 썼다. 쓰고 또 썼다. 뭐라도 끄적이지 않으면 죽을지도 모르니 계속 썼다. 부모님과 학교 담임 선생님께 보여 드릴 일기장이 아닌, 나만의 비밀 일기장에 '죽고 싶다.'라고 썼다. 펑펑 울면서 '왜 사냐 김유리, 나 같은 건 죽어야 돼.'라고도 썼다. 그런 글들을 쓰는 중에는 옥상에서 뛰어내리고 싶다는 생각이 잠시나마 멈췄다. 그 시절 나에게 글쓰기는 극단적인 생각을 막아 주는 우울증 약이었다. 요즘도 온갖 생각으로 잠도 못 이룰 지경이면 약을 먹는다고 생각하고 글을 쓴다. 마음이 괴롭다는 친구에게 현재의 마음을 글로 옮겨 보기를 권하기도 했었다.

단, 손과 머리가 시키는 대로 무작정 써 내려가는 글, 즉 정돈되지 않은 글만 자살 방지용, 속 풀이용으로 쓰일 수 있다. 누군가에게 보여 주기 위한 글을 쓰고 있는 중이라면, '딱 이 글만 쓰고 절필한다.'를 마음속으로 수백 번도 더 외친다. '문학적인 글을 써라.', '좀 더 자세하게 묘사해 봐라.', '첫 문장에서 독자의 마음을 사로잡아야 한다.', '독자들의 공감을 얻어라, 그렇지 못하면 일기에 불과하다.', '문장을 짧게 써라.', '적어도 세 줄 안쪽으로는 똑같은 단어 남발하지 마라.', '네 글에서 비문, 오탈자를 발견했다. 창피당하기 싫다면 고쳐 써라.' 등.

글 쓰는 방법을 전문적으로 배워 볼 끈기도, 마음도 없는 나한테 뭘 그리도 많은 걸 바라는지. 정말이지 머리가 터질 지경이다. 아아악, 나한테 왜 그러냐고요!

킹스 크로스역 9와 3/4 승강장

김영아

 죽기 싫어 글을 쓴다는 유리 씨의 말이 3일 째 머릿속을 둥둥 떠다닙니다. 처음에는 제가 유리 씨에 대해 오해하고 있었다는 사실에 적잖이 놀랐습니다. 미안했지요. 잠시 뒤 그녀를 잘 알지 못한 나에 대해 놀랐습니다. 자책했지요. 2일, 3일이 지나 드는 생각은 '나도 같았구나.'였습니다. 공감되었습니다. 저는 제가 표현하고 싶어서, 속이 답답해서 글을 쓰고 싶어 하는 줄 알았습니다. 20년 넘게 한 직장 생활도 먹고살기 위해 한 것도 맞지만, 능력과 꿈을 펼치는 수단이라 생각했습니다. 얼마 전 유리 씨에게 밥벌이에 대해 물은 적이 있습니다.

 "유리 씨는 자신에게 직장 생활이 무슨 의미인 거 같아요?"

 "집에 있는 것보단 나아서 하는 거요."

 명료하고 단순했습니다. 장애인재활상담사라는 직업이 날 먹고 살게 해 준 덕에 저는 '직업'에 대해 유난히 의미를 부여하는 편입니다. "뭐가 그렇게 진지해?"라고 묻는다면 "이건 제 직업의식이니 내버려 두세요."라고 요구할 만큼 확고합니다. 어찌 보면, 사람들이 직업에 대해 의미를 가져야 제가 먹고살 수 있으니 나 살자고 이러는 걸 수도 있죠. 그랬던 제게 유리 씨는 자기가 직업을 갖는 건 그냥 집에 있는 것보다 나아서라고 하니 한 대 맞은 것처럼 좀 멍했습니다. 전 대체 왜 그렇게 심각하게 생각한 걸까요?

"○○ 씨, 부모님 돌아가시면 혼자 살아야 하는데 일을 해서 돈을 모아야 어른답게 살죠. 자, 본인이 하고 싶은 일이 무엇인지 고민해 보세요. 지금 노동 시장은 이렇고 요즘은 세차직무 채용 공고가 많은데 지원해 보면 어때요?"

구구절절 설득해 가며 한 사람 취업시키자고 종종대던 제 모습이 머쓱해졌습니다. 물론 모든 사람들이 유리 씨 같은 이유로 취업하는 건 아니겠지요. 비교적 삶이 여유로운 유리 씨이기에 직업을 단순히 생각하는 걸 수도 있습니다.

생각해 보면 제가 글을 쓰는 이유도, 직업에 몰입하는 이유도 유리 씨와 다를 게 없더군요. 표현과 소통을 위해 글을 쓴단 말이 거짓은 아니지만, 현실을 피할 도구가 필요했고 적당한 괴로움과 몰입감을 주는 게 글이었으니까요. 적어도 글을 쓰는 동안은 복잡한 현실에서 눈 뗄 수 있었으니까요. 먹고살자고 일한 것도 맞지만 한곳에 메여 살기 싫어 직장 생활을 유지한 것도 맞았습니다.

조금 전 아침 출근길. 팔을 들 수도 없을 만큼 꽉 찬 지하철 3호선. 대부분 출근길 직장인들이죠. 저들은 왜 직장에 나가는 걸까요. 돈 벌려고? 자아실현 하려고? 어딘가에 소속되고 싶어서? 저들도 죽지 않으려 용쓰느라 여기 있겠구나 싶었습니다. 출근길 경복궁역 앞 카페에 앉아 글 쓰고 있는 저를 보니 현실에 어지간히 발 대기 싫은가 봅니다. 김유리에게도 김영아에게도 글쓰기는 해리포터 속 킹스 크로스역 9와 3/4 승강장 그 자체네요. 마법 세계로 가는 길목. 아…. 출근 시간이 다가옵니다…. 이제 호그와트를 빠져나가야겠네요….

우리 돈으로 출판을 하자고요?

김유리

 출판사를 한창 알아보고 있는데 무슨 이유에서인지 선생님께서는 자비출판을 제안하셨다. 그날은 잠을 한숨도 자지 못했다. 자비출판은 꿈에도 생각하지 못했기 때문이다. 인터넷에 조금만 검색해 봐도 자비출판만은 절대 하지 말라고 나왔다. 내 돈 들여 책을 내는 건 작가의 자존심을 짓밟는 일이라 했다. 출판사에서 원고를 안 받아 주니까 차선책으로 자기 돈으로 책을 내고는 '여러분 저 작가 됐어요.'라고 하는 사람들을 구리다고 했다. 그냥 작가가 되고 싶은 거지 구린 작가가 되고 싶지 않았다. 하지만 선생님 생각은 달랐다.

 자비출판을 하면 우리가 쓰고 싶은 내용을 마음대로 넣을 수 있다고 하셨다. 출판사가 돈을 전부 부담하는 기획출판을 하게 되면 출판사 입맛대로 원고가 수정된다고 한다. 출판사가 하자는 대로 하다 보면 마지막에는 자기가 쓴 글이 아니게 된단다. 자비출판을 한다면 더 이상 출판사를 알아보지 않아도 되고, 글을 편하게 쓸 수 있어서 좋긴 하다. 무엇보다 자비출판은 기획출판에 비해 인세를 많이 받는다. 글을 편하게 쓸 수만 있다면 구리다는 소리를 들어도 좋다. 어차피 사람들은 내 일 아니면 금방 잊는다. 무엇보다 이 소리가 내 귀에까지 들어온다는 건 그만큼 책이 많이 팔렸다는 이야기니 기뻐해야 할 일이다.

다만, 적금까지 깨 가며 내 한 달 월급을 다 투자했는데, 퀄리티가 낮은 책이 나올까 봐 염려스럽다. 자비로 출판하게 되면 일단 저자에게 돈을 받았으니 책의 질에는 전혀 신경을 쓰지 않는다고 한다. 오탈자 교정도 제대로 안 봐 주고 디자인도 엉망으로 해 준다고 들었다. 오죽했으면 '자비출판사에서 출간된 책은 보기가 짜증이 난다.'라는 말이 나왔을까 싶다. 홍보도 적극적으로 안 해 준다는 점도 걱정이 되는데 기획출판을 해도 홍보는 뜰 것 같은 책이 아니라면 저자의 인프라에 의존하는 경우가 많다고 알고 있다. 내가 직접 홍보하더라도 책이 남 부끄럽지 않게 나와야 사 달라고 말할 수 있지 않을까? 표지 디자인부터가 엉망이라면 난 절대 못한다.

선생님의 첫 책 《선물합니다! 실패할 권리》는 자비출판으로 하셨다고 한다. 표지 디자인도 예쁘게 나왔고 오탈자도 찾아볼 수 없었다. 자비출판을 하셨다는 말을 듣고 내 첫마디는 "기획출판하신 줄 알았어요."였다. 한국문화예술위원회가 선정한 '아르코 2022 문학나눔 도서'에 선정이 되어 2쇄까지 찍었다고 들었다. 하지만 지금 쓰고 있는 책도 그런다는 보장이 있을까? 책에 자신이 없어서 이런 생각이 드는 건 아니다. 자비출판 경험이 한 번도 없어서 불안한 것뿐이다.

지금이라도 늦지 않았으니 우리의 책에 조금 더 신경을 써 줄 기획 출판사를 알아보자고 하는 것이 좋을까? 이대로 쭉 밀고 가는 게 좋을까?

그녀를 믿지 마세요

김영아

 유리 씨가 제 말을 무조건 믿고 따르지 않는다는 게 재미있고 감사하다면 거짓말로 보일까요? 진심입니다. 유리 씨는 매우 수용적이고 부드러운 사람입니다. 남을 과하게 배려해서 결정하지 못할 때가 많아 문제일 만큼이요. 그런 유리 씨가 꼼꼼하게 점검하고 근거를 제시하며 반박한다는 건 작가로서 자신의 중심이 잡혀 간다는 뜻이겠지요. 저를 믿지 않는 유리 씨가 반가운 이유입니다. 저 또한 첫 책을 낼 당시 자비출판은 고려하지 않았습니다. 인터넷을 검색하면 자비출판에 대한 부정적인 글이 꽤 많은 것도 사실입니다. 그랬기에 첫 책은 기획출판으로 준비했습니다. 미리 기획안과 1/3의 원고를 써 놓은 상태로 22개의 출판사에 투고를 했지요. 대형 서점에 찾아가 나와 비슷한 에세이를 출간한 출판사 목록을 뽑고, 이메일로 하나하나 기획안을 제출하며 나를 뽑아 주십사 요청했습니다. 운이 좋게도 한 곳의 작은 출판사에서 출간 제의가 들어왔습니다. 예상보다 순조롭게 출간 계약을 마쳤고, 3개월 뒤 완성된 원고를 보내면 금세 책이 나올 줄 알았습니다. 당초 계획은 늦어도 6월엔 책이 출간되는 일정이었으나 출판사 측에서는 8월이 되어도 1차 편집본조차 보여 주지 않았습니다. 느낌이 이상하다 싶었지만, 초보인 저는 늦어지나 보다 여기며 마냥 기다렸지요. 9월이 지나고 10월의 어느 날 아침, 출판사 대표에게 이메일이 와 있었습니다. 출판사 상황이 어려워져 폐업을 하게 되었단 소식이었습니다. 순간 눈앞이 멍하고 아찔해졌습니다. 편집본이 있으면 들고 다른 출판사에 노크라도 해 볼 텐데…. 제 원고는 5개월 가까이 그냥 그대로 머물러 있었던 겁니다. 이런 이야기를 전화도 아닌 이메일로 무성의하게 전달하는 방식도 이해가 안 됐고, 선인세를 돌려 달라는 말에 기어이 화를 내며 불쾌하게 마무리 지었습니다. 다시 새로운 출판사에 투고를 하고 반응을 기다리려면 최소 2~3달의 시간은 또 투자해야 했습니다. 도저히 그렇게 해서는 안 될 것 같아 이메일을 받은 그 당일 오후에 자비 출판사를 몇 곳 알아보았습니다. 기존에 블로그 이웃이었던 자비 출판사에 원고를 보내고,

제작 의뢰를 했지요. 견적이 바로 나오고, 계약부터 편집자와 디자이너 배치까지 모든 일이 속전속결로 이루어졌습니다. 출판사 측이 주도권을 쥐고 있는 기획출판과 달리 자비출판은 작가에게 99%의 주도권과 선택권이 주어지는 구조였습니다. 굳이 출판사와 옥신각신할 필요가 없었고, 제 의견이 전적으로 수용되는 점에서 만족했습니다. 자본주의 안에 움직이다 보니 내가 돈을 낸 만큼 내 입맛대로 책을 만들어 낼 수 있었습니다. 저도 첫 책인 만큼 내 의사대로 추진하는 게 불안하고 겁나기는 했습니다. 전문 출판사에서 전문가의 기획 방향에 맞추면 더 낫지 않을까? 하는 마음이 계속 올라왔습니다. 지금의 유리 씨와 같은 상태였지요. 자비출판을 주장한 저를 못 미더워하는 유리 씨가 이해되는 이유입니다. 저희가 만드는 책은 상업과 자본의 논리에서 많이 벗어나 있습니다. 남들이 관심 갖는 작가도 아니고 주제도 아니니까요. 발달장애인과 장애인재활상담사가 쓴 책이지만 사회적 담론이나 장애 관련 이야기도 거의 없습니다. 그저 김유리 작가의 글쓰기와 그녀의 글쓰기를 살며시 이끌어 가는 김영아의 소소한 이야기만 있을 뿐입니다. 출판사에서 상품성이 있다고 보기 어려운 글이라는 걸 잘 알고 있습니다. 잘 팔리는 책을 원했다면 출판사와 기획을 하고, 독자들이 원하는 주제를 파악해 추진할 수도 있습니다. 하지만 잘 팔리는 건 애초에 포기했습니다. 바라는 건 딱 하나, 김유리와 김영아가 쓰고 싶은 글을 맘 편히 쓰고, 이 글을 온전하게 세상에 내보내는 것. 잘 팔리는 책이기보다, 독자가 이해하고 공감하기 쉬운 책이기를 바라며 한 글자씩 채워 가고 있습니다. 쉽고 간단해 보이지만 조금은 미묘한 우리의 의도를 잘 살리려면 최소한의 편집, 디자인, 유통만 지원을 받는 자비출판이 딱이라고 생각했기에 고민하지 않고 직진할 수 있었습니다. 작가가 된다는 건 공모전에 당선되거나, 출판사의 선택을 받아야 얻는 지위가 아닙니다. 친구와 나눈 카톡 대화를 묶어 내거나, 일기 글을 간단히 편집해도 책이 되고 작가가 되는 세상입니다. 작가가 뭐 별건가요? 글 쓰는 사람은 모두 작가인 세상입니다. 이 책이 세상에 나와 있을 때쯤엔 유리 씨도 작가라는 직업에 대해 조금은 가볍고 쉽게 생각했으면 합니다. 우리가 책을 낸 건 출판사의 선택을 받기 위함이 아닌, 하고픈 말을 세상에 전하는 방식 중 하나로 글을 선택한 것뿐임을 잊지 않았으면 합니다.

엇 내가 1호 작가인데?

김유리

  지난해부터 찾아다녔다. 선생님과 책을 쓰기 시작한 후로 발달장애인 에세이 작가를 찾아다녔다. 발달장애인과 비장애인이 함께 쓴 책도 열심히 찾아다녔다. 글을 얼마나 잘 쓰기에 높기만 한 출판사 문을 통과했는지 알고 싶었다. 나도 그 출판사 문을 두드려 보고 싶었다. 하지만 검색창에 뜨지 않았다. 발달장애인 작가라고 검색하면 그림 작가만 나올 뿐이었다. 발달장애인이 쓴 글은 책으로 내 주는 출판사는 없나 보다. 선생님 말씀대로 자비출판으로 해야겠다. 하고 원고 쓰기에 다시 집중했다.

  몇 달이 지나, 올해 초에도 발달장애인 작가를 검색창에 입력했다. 이번엔 아무 이유 없이 그냥 입력해 보았다. 특수 학교 전공과에 재학 중인 스무 살 발달장애인이 쓴 에세이 책이 검색창에 걸렸다. 관련된 뉴스 기사가 제일 먼저 보였는데 우리나라에서 발달장애인이 직접 수필집을 낸 것은 최초라고 했다. 책을 내 준 출판사에서 작가로 일한다고 했다. '치! 많이 알려지지 않기는 했지만 난 그보다 훨씬 이전에 책을 냈는데, 나도 내 책을 출간해 준 출판사에서 작가로 일했는데….'라는 생각이 들었다. 책 제목은 《송현 생각》, 출판사에서 근무할 때 대표님이 내 책 제목으로 생각해 주신 이름이 '유리생각'이었나? 경험하지 않은 일도 경험했다 착각이 들게 할 만큼 뉴스 화면 속 송현 작가와 내가 동일시되었다.

'글을 쓰면 하고 싶은 이야기도 마음대로 하고 내가 상상하는 대로 다 쓸 수 있어서….'라는 작가의 인터뷰는 내가 인터뷰하고 있는 건 줄 알았다. 뉴스를 몇 번이나 돌려 봤다. 영아 선생님께도 뉴스 영상을 전달하고 책도 사 보는 열혈 팬이 되었다. 그 안에는 엄청난 질투심이 숨겨져 있었다. '왜 네가 1호 작가인데.' '1호 작가는 나란 말이야.' '어떤 출판사길래 넌 출판사 작가가 됐고 난 안 됐냐 말이야.' 며칠 후, 미후지 작가님과 잠시 카톡으로 이야기하게 되었는데 이런 말씀을 해 주셨다.

"발달장애인들이 유리 씨 글을 읽고 '아, 나도 써 볼 수 있겠다.'라는 마음이 들게끔 그렇게 써 보세요."

"발달장애인이 쓴 책, 이미 나왔어요. 제가 한 발 늦었습니다. 전 두 번째입니다."

"그런 건 상관없어요. 100번째여도 상관없고요."

작가님의 말에 잠시나마 질투심을 가졌던 게 부끄러워졌다. 1등이면 어쩔 거고, 꼴등이면 어쩔 건가, 책을 내는 게 중요한 것이 아닌가. 송현 작가가 출간한 《송현 생각》 편집자의 글에는 이런 글이 적혀 있다.

"제2의 송현, 제3의 송현이 마음껏 글과 소통하게 될 날을 기대합니다."

나도 곧 제2의 송현, 아니 어쩌면 제3의 송현이 될 수도, 아무튼 꼭 되고 말 거다.

질투는 너의 힘

김영아

우리의 원고를 쓰고 뒤엎기를 반복하던 어느 날. 유리 씨는 불쑥 유튜브 링크를 제게 보냈습니다. 발달장애인 1호 작가가 에세이를 출간했고 뉴스에 보도된 영상이었습니다. 솔직히 말하면, 처음엔 유리 씨가 소식을 전한 이유를 잘못 이해했습니다. 발달장애인 작가가 뉴스에 나와 좋다는 의미로 해석했거든요. 유리 씨는 자신이 첫 번째 발달장애인 작가가 되지 못해 아쉽다는 마음을 전했습니다.

유리 씨의 마음은 충분히 이해할 수 있었습니다. 우리가 처음 책을 준비할 때만 해도 발달장애인과 장애인재활상담사가 함께 쓰는 첫 책이라고 이야기 나누곤 했으니까요.

'1호'라는 타이틀을 싫어할 사람이 어디 있을까요. 두루 알려지지 않았을 뿐 이미 수많은 발달장애인 작가들은 세상에 나와 있을 거라 생각합니다.

조금은 질투 섞인 유리 씨의 반응에 귀엽단 생각과 함께 질투심을 걷어 내 주고 싶은 마음에 노트북을 펼쳤습니다. 유리 씨와 제가 책을 쓴 이유는 '발달장애인과 장애인재활상담사가 함께 쓴 1호 책'을 내기 위해서도 아니고, '발달장애인 1호 작가 탄생'을 알리기 위함도 아니었습니다. 발달장애인 김유리가 자신의 글을 세상에 보여 주며 작가가 되기 위함 그 자체였습니다. 다만, 유리 씨 혼자 모든 것을 하기엔 어려우니 제가 조력자로 그녀의 곁에 함께했을 뿐입니다.

작가를 꿈꾸는 발달장애인, 장애인재활상담사가 있다면 이 책을 읽고 "나도 김유리, 김영아처럼 책을 써 볼까? 이 정도는 할 수 있을 것 같은데?"라는 용기를 얻게 해 드리고 싶은 마음에 시작한 일입니다. 많은 사람들이 크고 작은 꿈을 꾸며 살죠. 그 꿈을 먼저 실현한 사람들을 보며 용기를 얻고 한 발짝씩 나아갑니다. 꿈꾸는 사람들에게 가장 큰 용기를 주는 존재는 1호, 2호 같은 숫자에 있지 않습니다. 꿈꾸는 사람들의 마음을 헤아리고, 그들이 조금이라도 편히 꿈을 이룰 수 있도록 안내해 주는 사람에게 용기를 얻습니다. 저희가 쓰는 책이 185호로 불린다 할지라도 상관없습니다. 읽는 사람에게 용기를 주고, 꿈을 포기하지 않도록 하는 글이 담기면 충분합니다. 유리 씨의 글을 읽고 기형도 시인의 〈질투는 나의 힘〉이라는 시가 떠올랐습니다.

> 나의 생은 미친 듯이 사랑을 찾아 헤매었으나
> 단 한 번도 스스로를 사랑하지 않았노라

유리 씨의 질투심이 힘이 되어 글 쓰는 데에 보탬이 되면 좋겠습니다. '1호 작가' 타이틀보단 우리가 쓴 글, 나 자신을 사랑하는 마음을 가진다면 지금보다 조금은 더 힘이 나지 않을까요.

내가 할 수 있는 일

김유리

 2018년 6월, 선생님께서는 나에게 (사)꿈과나눔이란 사회복지기관에서 하는 발달장애인 대상 프로그램을 하나 소개해 주셨다. 사회복지 종사자와 발달장애인들을 위해 다양한 프로그램을 진행하는데 이번에 발달장애인 자조 모임 리더 양성 강의를 개설했다고 했다. 참여해 보고 싶은 프로그램은 죄다 평일 업무 시간에 하는 바람에 듣지 못했던 복지관 프로그램과 달리 주말에 해서 직장에 다니는 나도 참여할 수 있었다. 열심히 수업을 듣던 어느 날 꿈과나눔 국장님께서 갑자기 이런 말씀을 하셨다. "유리 씨, 저희 홍보 좀 도와줘요." 이땐 그냥 지나가는 말로 하시는 소리인 줄 알았다. 나도 지나가는 말로 "네."라고만 대답했는데 그 후로도 홍보 이야기를 몇 번 꺼내셨다. 나는 그제야 진짜로 나에게 부탁하시는 거였구나 생각했다. 홍보에 홍자도 모르는 나라서 의아했는데, 나중에서야, 선생님께서 국장님께 나에 대해서 이야기하셨다는 걸 알았다. 이제야 모든 것이 짜 맞춰졌다. 그렇지 않고서는 아직 실력 검증이 되지 않은 나에게 기관의 홍보를 부탁하실 이유가 없었다. 이렇게 해서 나의 낙하산(?) 홍보 활동이 시작되었다. 강의하는 모습을 촬영하고 홍보 글을 쓰는 일이었다. 내 적성에 딱 맞았다.

그 무렵 나는 출판사 퇴사 후 이직 준비를 하고 있었다. 쉽지 않았다. 고등학교 졸업 후부터 쭉 해 왔던 사무 보조가 맞지 않다는 걸 알게 되었다. 출판사로 이직하기 전 6년간 한 직장에서 사무 보조를 해 왔었는데 오래 다닐 수 있었던 이유가 있었다. 내가 조금 느려도 배려를 많이 해 주었기 때문이다. 하지만 다른 회사에서는 나를 기다려 주지 않았다. 취업에 어려움을 겪고 있는 나를 보다 못한 지인이 바리스타를 해 보라고 권유해 주었다. 발달장애인이 많이 하는 직업이라고 했다. 내가 발달장애를 가지고 있다는 것만 알고 날 잘 모르고 하는 소리였다. 난 바리스타를 하기에도 느린 손을 가지고 있다. 어느 정도냐면 복지관에서 하는 장애인 일자리 사업에서 발달장애인이 많이 하는 주방 보조로 배치가 되었는데, 열심히 했지만 행동이 느려 3일 만에 쫓겨났을 정도이다. 복지관에서는 내가 할 수 있는 일을 찾아 주는 걸 어려워했다. 복지관에 꿈과나눔 홍보 경험을 어필했지만 보안 문제로 일을 주기 어렵다고 했다. 복지관이 아닌 일반 사기업에서도 내가 할 수 있는 일은 거의 없었다. 일을 생각만큼 잘하지 못하자, 가만히 앉아 있게 하는 날이 많았다. 오히려 꿈과나눔에서 내가 할 수 있는 일들이 많았다. 주말에 강의 프로그램에 참여해 사진을 촬영하고 글을 써 콘텐츠로 만들다 보면 나도 이렇게 일을 잘할 수 있는데 정작 회사에서는 잘하지 못할까? 라는 생가이 들었다.

글 쓰는 일은 꿈과나눔에서밖에 못해 보겠다고 생각했다. 하지만 나도 다른 곳에서도 글 쓰는 일을 할 수 있었다. 2021년 6월에 나는 서울의 한, 장애인표준사업장에 정규직으로 취업했다. 회사에서 글 쓰는 나를 알아보시고 회사 사업 홍보를 맡겨 주셨다. 장애인들에게 일을 주려고 설립한 회사여서 그런지 나에게 일을 안 주려고 했던 다른 회사와는 확실히 달랐다. 지난 5년간 꿈과나눔에서 쌓은 경력을 100배 활용하고 있다. 두 곳에서 홍보 업무를 할 수 있었던 이유는 내 능력이 뛰어나서가 아니라 나에게 그 일을 맡기려고 직무 난이도를 조정해 주셨기에 가능한 일이라고 생각한다. 홍보를 제대로 하려고 했다면 디자인, 마케팅 전공 홍보 전문가를 따로 뽑았을 테다. 내가 아무리 글을 잘 쓴다는 소리를 들어도 일반 회사 홍보팀에서 콘텐츠를 만드는 일은 어려울 것이다. 포토샵과 일러스트레이터를 사용할 줄 알아야 하고, 높은 퀄리티를 원할 텐데 나는 그 정도의 실력까진 아니다. 사진도 잘 촬영할 줄도 모르고 디자인이라고 해 봐야 템플릿 사이트에서 끄적거리는 수준이다. 글도 내가 직접 경험하고 이해한 범위 내에서만 쓸 수 있지, 그 외의 글을 쓰라고 하면 쩔쩔맨다. 비장애인 수준의 퀄리티를 낼 수 있다면, 지금 나는 출판사에 장기근속 하고 있었을지도 모른다.

  내가 글 쓰는 일마저 하기 어려워했다면 지금 내 삶은 어땠을까? 하는 생각이 든다. 집에서 밥이나 축내는 식충이가 되어 있지 않을까? 생각만 해도 암울하다. 앞으로 다가오는 미래에는 발달장애인이 가질 수 있는 직업이 바리스타에서 벗어났으면 좋겠다. 무엇보다 행동과 손이 느려도, 그림이나 글쓰기에 재능이 없어도 일하고자 하는 마음만 있다면 모든 발달장애인이 일을 할 수 있는 날이 오길 바란다.

덕업 불일치

김영아

내가 좋아하는 일을 직업으로 삼는 걸 요즘 말로 '덕업일치'라고들 합니다. 좋아하는 일이 직업으로 되니 그야말로 성공한 삶이겠죠.

좋아하는 일 = 잘하는 일 = 내 직업

이 공식이 성립된 삶을 사는 사람은 생각보다 흔하지 않습니다. 그런 면에서 과정에 우여곡절이 많긴 했지만 유리 씨와 저는 어느 정도 덕업일치를 이룬 삶이란 생각이 들었습니다. 좋아하는 글을 꾸역꾸역 썼고 이렇게 책으로 내고 있으니까요.

잠시 장애인재활상담사 김영아로 돌아가 보겠습니다. 많은 사람들이 자신이 잘하거나 좋아하는 일을 직업으로 삼지 못한 채 살아갑니다. 직업이 먹고사는 문제로 직결되면서 적성, 흥미보다는 조건 위주로 선택하기 때문이죠. 급여, 근무 조건, 안정성 등 현실적인 조건이 직업 선택 기준의 높은 자리를 차지하고 있고, 자라

나는 아이들도 자연스레 학습된 게 현실입니다.

  발달장애인에게 있어 직업은 조금 다른 접근으로 이루어집니다. '발달장애인 적합 직종'을 정해 놓고 이 중에서 고르도록 하는 게 현실입니다. 그들의 능력, 적성, 흥미를 고려하긴 하지만 애초에 선택권 자체가 매우 적습니다. 비장애인에게 선택할 직업이 2,000개라면 발달장애인에게는 20개밖에 되지 않죠. 발달장애인을 하나로 묶어 그들의 평균 능력 안에서 쉽게 익히고 반복할 수 있는 일들 위주로 직종 개발이 이루어지기 때문입니다. 이상적인 방식은 다양한 산업 속에서 발달장애인 구직자가 할 수 있는 일을 찾고, 직무와 근무 시간을 조정해 협력하는 구조를 만드는 것이겠죠. 하지만 빠르게 돌아가고 성과를 내야 하는 기업에서 이렇게까지 공을 들이기는 쉽지 않습니다. 발달장애인이 일하기 좋은 직종을 정하면서 취업률이 많이 올라간 건 사실입니다. 기업 입장에서는 장애인 채용하기가 수월해졌고, 발달장애인들을 특정 직종으로 훈련할 수 있는 체계가 갖춰진다는 측면에선 긍정적입니다. 아쉬운 점은, 그들의 흥미와 적성은 무시될 가능성이 매우 크다는 점이겠지요. 유리 씨처럼 말입니다. 글 쓰는 일을 업무에 적용하고 싶어도 여러 이유로 쉽지 않았고, 되려 발달장애인이라는 이유로 자신의 약점이 부각되는 직업을 추천받기도 했습니다. 단지, 발달장애인이라는 이유 하나였지요. 만약 우리가 여자라는 이유로, 안경을 썼단 이유로, 밥을 천천히 먹는다는 이유로 자기 의사와 무관한 직업을 추천받는다면 어떤 기분일까요? 갑갑함이 몰려옵니다.

그런 면에서 유리 씨는 큰 복을 받은 듯합니다. 물론 유리 씨가 몸담고 있는 (사)꿈과나눔과 지금 직장에서도 유리 씨라는 큰 복을 받은 거지요. 아마도 주머니 속의 송곳처럼 유리 씨의 글재주가 눈에 띄었기에 그들도 홍보와 글쓰기 업무를 믿고 맡겼을 거라 생각됩니다.

다행인 점은 발달장애인 일자리 분야는 점점 다양해지고 있습니다. 음악, 미술, 공연 같은 문화 예술 일자리부터 코딩, 모니터링과 같은 IT 일자리까지 선택의 폭은 점차 넓어지고 있습니다. 글쓰기를 좋아해 취미로 글을 쓰고, 직업으로 연결한 유리 씨의 이야기가 많은 발달장애인들에게 용기가 되었으면 좋겠습니다. 그리고 업무가 아닌 개인적인 관계로 발달장애인의 꿈을 지원하는 저의 이야기가 여러 장애인재활상담사들에게 작은 불꽃이 되었으면 좋겠습니다.

내가 뭐라도 되는 줄 알았나 봐

김유리

 2021년 11월, 선생님께서는 에이블 뉴스에서 칼럼리스트를 모집한다는 소식을 알려 주셨다. 이전에도 이 신문사에 몇 달에 한 번씩 기고를 했었기에 친숙한 신문사였다. 장애인과 관련된 기사를 전문적으로 다루는 신문사였는데 나는 장애인의 자립, 즉 내 자립에 대한 글을 업로드했다. 이를테면 내 경험을 이야기하면서 사회적 문제를 꼬집는 칼럼을 작성하는 일이었다. 어쩌다 가끔 신문사 메인에 내가 쓴 글이 뜨기도 해서 모임에서 많이 알아봐 주기도 했다. 모임에서 한 언니가 "제가 생각하기엔 유리 씨는 글 쓰는 능력이 평균 이상인 것 같아요." 라고 말하셨는데 나도 모르게 어깨가 으쓱해졌다.

 신문사에서 요구한 대로 한 달에 두 번씩 꼬박꼬박 올리다가, 내 멋대로 한 달에 한 번으로 줄여 버리더니 마지막 3개월 동안은 칼럼을 한 편도 올리지 않았다. 신문사에서는 장애에 관련된 주제로 쓴 글만 받는데 할 이야기가 더 이상 생각이 나지 않았다. 내 일상은 아주 평범하게 흘러가는데 매번 장애와 연관시켜 사회 문제를 이야기하는 일이 쉽지 않았다. 글쓰기로 인연이 닿은 비장애인 친구들이 내 글을 보고 종종 피드백을 주기에 글을 잘 써야 한다는 부담감도 컸다. 사실 이건 모두 핑계고 끈기 부족에서 비롯된 처참한 결과였다.

매년 11월 초면 칼럼리스트를 모집한다는 공지 사항이 올라오는데 2022년에는 연말이 지나 2023년 새해가 되었는데도 모집 글이 올라오지 않았다. 그렇게 활동 기간이 자동으로 연장되나 보다 생각했다. 열심히 하지 않으면 연장이 안 된다던데, '발달장애를 가졌는데도 글을 조리 있게 참 잘 쓰는 나란 인재를 신문사에서도 놓치고 싶지 않았나 보다.'라는 엉뚱한 생각을 했었다. 한 번 봐주신 만큼 앞으로는 꼬박꼬박 써야겠다고 생각했다. 이게 웬일인가! 1월에 칼럼을 업로드하려고 들어갔는데 글을 쓸 수 있는 권한이 사라졌다. 설마 하고 그제야 이메일을 확인했는데 칼럼리스트 활동이 12월부로 종료된다는 메일이 와 있었다. 2023년 1월이 돼서야 새로운 칼럼리스트를 모집한다는 공고 글이 올라왔는데 약속을 성실하게 지켜 줄 수 있는 분을 찾는다고 쓰여 있었다. 아무리 능력이 있는 사람이라도 불성실하면 안 써 준다는 걸 뼈저리게 느꼈다. 내가 열심히 안 한 것은 생각지도 않고, 연장이 된 칼럼리스트들을 보니 배가 아팠다.

언젠가 선생님께 "저는 글 잘 쓰는 작가인가요? 글 잘 쓰는 척하는 작가인가요?"라고 여쭤본 적이 있다. 선생님께선 "유리 씨는 글 잘 쓰는 작가죠. 그러니까 제가 같이 책 쓰자고 했죠."라고 하셨다. 그렇게 말씀하시는 선생님께서도, 내가 하루가 멀다 하고 보내 드리는 원고를 한 달에 한 번, 3개월에 한 번씩 보내 드리면 "유리 씨, 그렇게 하기 싫으면 여기서 그만 합시다."라고 말씀하실지 모르겠다. 나중에라도 선생님께서 내가 아닌 다른 발달장애인과 책을 냈다는 소식을 들으면 내가 그때 왜 열심히 안했지? 라며 땅을 칠 것이다.

책을 쓰기 시작한 지 어느 덧 7개월째, 한 달에 한 편 쓰기도 힘들어 하던 내가 거의 매일 글을 쓰고 있다. 지난 7개월 동안 책의 기획과 방향성이 여러 번 바뀌어 그때마다 새로 다시 썼다. 또다시 바꾼 지 2주째인 오늘, 이 글을 쓰면 딱 열 편이다. 앞으로 열 편만 더 쓰면 된다. 대충 써도 된다고 하셨으니, 조금만 더 힘내자! 난 더 이상 배가 아프기 싫으므로.

불성실 작가

김영아

　작가 김유리와 김영아가 가장 허술했던, 어찌 보면 가장 인간적인(?) 사연이 에이블 뉴스 칼럼리스트 일이 아닐까 합니다. 때는 2021년 11월. 저는 첫 책이 나오기만을 기다리던 시기였습니다. 저는 매일 오전 10~11시쯤이면 습관석으로 하는 행동이 있는데 장애 관련 뉴스를 가장 빠르게 전달하는 에이블 뉴스 기사를 훑어보는 일입니다. 그날도 무의식처럼 에이블 뉴스에 들어갔는데 '2022년 칼럼리스트 모집!'이라는 광고 배너가 눈에 들어왔습니다. 첫 책의 내용이 발달장애인에 대한 내용인 만큼 나도 한번 지원해 볼까? 하는 마음이 꿈틀댔습니다. 먼저 실린 칼럼들을 보니 대부분 장애인 당사자들이 자신의 일상, 생각을 담은 내용이었습니다. 종사자보다는 장애인 칼럼리스트를 더 우대해 준다는 생각이 들었고 자연스레 유리 씨 생각이 났습니다.

　"유리 씨, 우리 같이 에이블 뉴스 칼럼리스트 지원해 볼까요?"

"정말요? 저 안 그래도 에이블 뉴스에 가끔 글 보냈었어요. 좋네요. 그런데 둘 중 한 명이 떨어지면 어떻게 해요?"

"떨어질 수도 있는 거죠. 그러면 그런대로 된 사람이 열심히 하면 되죠, 뭐."

저는 발달장애인의 자립을 지원하는 장애인재활상담사의 입장을 주제로 칼럼을 쓸 계획이었습니다. 그런데 웬일인지 막상 쓰려 하니 몸이 뒤틀리고 쓰기 싫은 마음이 굴뚝같았습니다. 에세이처럼 쓰는 습관이 들어 버려 칼럼 쓰는 감각을 전혀 찾지 못한 채 하루 이틀 시간만 보냈습니다. 어설프게 쓰느니 그냥 내 원고 중에 적당한 걸로 제출해 버릴까. 현실과 타협하려는 마음이 죽을 만하면 살아나고 또 살아나기를 반복했습니다. 결국 칼럼과는 거리가 먼 에세이 원고 두 편과 지원 신청서를 제출해 버렸습니다. 뽑히고 싶은 마음은 컸지만, 성의 없이 제출한 원고가 채택될 리 없었습니다.

한 달 뒤. 우리는 김유리 합격, 김영아 탈락이라는 결과를 맞이했습니다. 어찌 보면 제 입장에선 남 좋은 일 한 꼴이 되었지만, 준비 과정이 없었으니 자업자득이었지요. 유리 씨는 본인만 합격한 것을 미안해했습니다. 저는 제가 준비하지 않아 초래한 결과이니 미안해할 일이 아니라 말했습니다. 유리 씨라도 합격해 다행이라 생각했고 진심으로 축하했습니다. 2022년이 되어 종종 에이블 뉴스에 들어갈 때면 유리 씨의 칼럼 글이 홈페이지 메인 화면에서 보이기도 했습니다. 자신의 일상생활, 고민, 생각들을 위트 있게 펼쳐 가는 유리 씨가 부럽기도 했고 자랑스러웠습니다. 그렇게 쭉 에이블 뉴스 칼럼리스트 활동을 유지할 줄 알았는데, 유리 씨도 저처럼 현실에 타협하는 순간을 맞이했음을 알았습니다. 김유리도, 김영아도 현실에 타협하는 불성실한 작가가 되었던 겁니다.

'성실함도 재능이다.'라는 말이 있습니다. 저는 이 말에 매우 공감하는 편입니다. '성실함'이라는 평범하고 쉬워 보이는 행동은 지난한 자기와의 싸움을 통해서만 얻을 수 있으니까요. 유리 씨도 저도 불성실하게 한 일에 대한 대가를 톡톡히 치렀습니다. 그 대가를 치러 보았기에, 지금 이 책의 원고를 숱하게 엎어 가면서도 우리 글을 세상에 꼭 내놓자는 자기와의 싸움을 해낼 수 있었겠지요.

매년 1월 1일이면 제가 유심히 지켜보는 사람들이 있습니다. 평소처럼 가게 문을 활짝 열고 장사하는 상인들, 식당과 마트에서 일하는 직원들, 오토바이를 부릉부릉 몰며 배달하는 기사들, 버스와 택시 운전기사들입니다. 1월 1일이든, 12월 31일이든 그저 1/365로 여기며 언제나 같은 태도로 일상을 살아가는 사람들이죠. 특별한 새해 다짐을 하기보다 성실한 태도로 같은 하루를 유지하는 사람들을 보는 일이 제게는 더 큰 자극을 줍니다. '나도 저렇게 살아가야지'라는 다짐이 자연스레 몸으로 다가오기 때문이죠. 세상을 움직이는 건 돈도, 정치도, 총칼도 아닙니다. 늘 같은 속도로 성실하게 살아가는 사람들의 힘으로 세상은 돌아갑니다.

어떻게 준비하면 좋을까?

김유리

    선생님께서는 2022년 초, 자신의 첫 책 《선물합니다! 실패할 권리》가 세상에 나왔음을 알리셨다. 내가 2019년부터 홍보 서포터즈로 활동하고 있는 (사)꿈과나눔과 협업하여 사회복지 종사자들을 대상으로 북 토크를 진행하셨다. 북 토크는 솔직히 말해 하나도 부럽지 않았다. 다만 선생님의 인스타그램에서 보았던, 자신의 책을 수십 권 쌓아 두고 카페에서 사인을 하는 모습이 부러웠다. 나도 이 책이 나오면, 햇살 가득한 카페 창가에 앉아 책을 한가득 쌓아 두고 사인을 해 보고 싶다. 어떻게 사인할지 벌써 다 생각해 놨다. 처음에 생각했을 때는, 책의 가장 첫 장, 정중앙에 이름을 크게 쓰려고 했다. 하지만 인터넷에 검색해 보니 요즘은 다들 짧은 편지를 쓰더라. 선생님께서도 사인을 해 달라고 한 내게 편지를 써 주셨다. 내가 사인을 하게 된다면 '○○ 님, 감사합니다. 행복한 나날들 보내세요.' 정도가 되지 않을까? 너무 성의 없어 보이나? 나도 선생님 첫 책처럼 책 제목과 연관시켜 보려고 머리를 무진장 굴려 보았지만, 도무지 생각이 나지 않는다.

 2017년에 복지관에서 책을 낼 땐 출판기념회나 북 토크를 한 기억이 없다. 북 토크도 해 보고 싶긴 한데 설렘보단 두려운 마음이 더 크다. 2018년에 출판사에서 내 책을 내 준다고 했을 때, 고등학생 때 만난 다큐멘터리 영화감독님의 지원으로 10여 명 정도 되는 발달장애인 자녀를 둔 부모들 앞에서 언제 나올지도 모르는 책에 대해 홍보할 기회가 있었다. 이러한 원고를 쓰고 있는데, 괜찮은지 물어보는 자리였다. 하지만 너무 긴장해서 말을 거의 하지 못했다. 온몸이 바들바들 떨렸고 준비해 둔 말이 입 밖으로 나오지 않았다. 결국 관객이 다 말하고 나는 무대 한가운데 서서 "네.", "맞아요.", "그렇죠."라고만 했는데, 평생 잊지 못할 흑역사이다.

 선생님의 인스타그램에서 책을 사 준 사람들과 식사하는 사진을 봤다. 북 토크 하는 대신 선생님과 내가 동시에 아는 분들을 두, 세 사람씩 만나 밥이나 커피를 함께 먹으며 책에 대한 이야기를 나누면 긴장이 덜 되지 않을까? 영아 선생님은 사람들과 책에 담기지 않은 뒷

이야기를 하고, 난 그 옆에서 밥을 우걱우걱 삼키며, "네.", "맞아요.", "그렇죠."와 같은 추임새를 넣어 주면 딱이겠다. 하지만 북 토크 대신 식사 자리를 마련하려면 문제가 한 가지 있다. 요즘 같은 고물가 시대에 식사 비용을 무시 못 한다는 점이다. 그렇다고 출간 작가가 된 나를 만나러 온 사람들을 쪼잔하게 6~7,000원짜리 분식점이나 한식 뷔페로 모시고 갈 순 없지 않은가. 안 그래도 자비출판 하느라 통장이 텅장이 되었는데, 비용 문제로 본다면 여러 사람을 나눠서 만나는 것보다 북 토크 한 번으로 끝내는 게 나을 수도 있겠다. 저자가 관객마냥 관객석에 앉아 고개만 끄덕이고 있는 건 말이 안 되겠지? 무대 앞에 서기 전에 청심환을 먹으면 좀 나으려나? 내 기억엔 2009년에 영화 동아리에서 시사회를 진행할 때만 해도 이렇게까지 떨지 않았는데 무슨 이유에서 사람들 앞에만 서면 간이 콩알만 해져 버렸을까? 누군가는 갑자기 이런 고민을 하고 있는 나에게 '복에 겨워 요강에 똥 싸는 소리 한다.'라고 말할지도 모르겠다. 아직 다가오지 않은 북 토크에 대한 걱정은 이쯤에서 그만하고 원고 쓰기에 집중해야겠다.

산으로 갈 뻔한 배

김영아

 아주 오래전, 대학 3학년 때 제과 제빵을 하는 직업재활시설에서 봉사 활동을 한 적이 있습니다. 발달장애인들이 빵 만드는 과정을 도와야 했기에 저도 일정 부분 배워야만 했지요. 저는 빵을 좋아하지는 않지만, 요리는 매우 즐겨 합니다. 그 덕에 설레는 마음으로 제빵 과정을 배울 수 있었습니다. 하얗게 날리는 밀가루를 보고 있으면 금세 김이 모락모락 나는 소보루의 모습이 상상되었습니다. 계량도, 반죽도, 성형도 안 한 그저 밀가루일 뿐인데 제 마음은 이미 노릇노릇한 소보루를 기대하고 있었던 거죠. 자연스럽게 제 마음은 콩밭에 가 있었고 다급해졌습니다. 빵을 만드는 과정은 절반 이상이 기다림의 시간입니다. 실제 손을 움직이는 시간보다 가만히 기다리는 시간이 더 깁니다. 밀가루가 반죽이 되고, 커다랗게 부풀고, 구워지는 모든 과정은 기다림 속에 이루어지니까요. 저는 이 과정에 집중하지 않고 결과물만 기다리며 마음을 조급하게 다루었습니다. 당연히 그 결과물은 좋을 리 없었습니다.

이번 책을 쓰는 동안 유리 씨가 유독 조급해하고, 신경 쓰는 지점이 있었으니 바로 북 토크였습니다.

"선생님, 이 내용은 북 토크에서 다루면 안 되지 않을까요?"

"선생님, 이 내용은 책에서 빼고 북 토크에서만 설명할까요?"

"선생님, 북 토크 할 때 비용이 따로 들까요? 장소는 어디서 하면 좋을까요?"

유리 씨가 북 토크를 지나치게 의식하는 게 기대감인지 두려움인지 판단이 되지 않아 글로 한번 써 보도록 제안했습니다. 기대감 반, 두려움 반인 그녀의 마음을 조금은 알 수 있었습니다.

2022년 11월 저는 운이 좋게도 대학로의 한 갤러리에서 북 토크 할 기회를 얻었습니다. 그 자리에 유리 씨를 초대했고 유리 씨는 휴가를 내고 북 토크에 참석해 주었습니다. 유리 씨와 공동 작업으로 두 번째 책을 준비하고 있음을 공개하였고, 유리 씨는 환하게 웃으며 기뻐했던 모습이 선명합니다. 책이라는 매체가 하얀 종이와 글씨로만 전달되는 1차원적 방식이라면, 북 토크는 이야기, 사람, 공간이 어우러진 3차원적 방식으로 확장되는 느낌이었습니다. 아마도 유리 씨는 그 자리에서 북 토크에 대한 기대감을 가졌던 듯합니다. 사람들의 이목이 집중되는 주인공이 되고, 글로 다 표현하지 못한 이야기를 목소리로 전달하는 소통의 장이 되는 건 사실입니다. 하지만 글을 쓰면서 북 토크를 먼저 의식하는 것은 작가의 태도를 흩트려 놓기에 경계해야 합니다.

20년 전, 하얀 밀가루를 보며 빵을 상상했던 제가 했던 실수를 유리 씨가 겪는 것 같아 긴장되기 시작했습니다. 유리 씨에게 북 토크에 대한 상상을 하지 말라 할 수도 없고, 계속 의식하라 할 수도 없어 고민이 깊어졌습니다. 그러던 중 북 토크에 대한 상상을 자유롭게 글로 써 보라 했습니다. 어떤 게 기대되고, 어떤 게 두려운지 솔직하게 글로 풀어 보자 했지요. 책을 쌓아 놓고 사인을 하며 지인들과 수다를 떠는 자신의 모습을 기대하면서도 여러 사람 앞에서 말 한마디 못할까 봐 두려워하는 모습이 뒤엉켜 있었습니다. 속내가 이렇게 복잡하니 글을 쓰면서 의식할 수밖에요. 유리 씨에게 진지하게 설명했습니다.

"유리 씨, 우리는 책을 내려고 글을 쓰는 거지, 북 토크 하려고 글을 쓰는 게 아니죠? 북 토크에 대한 고민은 책이 나온 뒤에 해도 늦지 않으니 너무 신경 쓰지 않았으면 해요. 우리가 글을 쓰고 책을 내는 이유가 북 토크가 되어 버리면 배가 바다가 아닌 산으로 가게 되는 거예요."

우리가 쓴 글이 좋고, 좋은 책이 나와야 책에 사인도 하고 북 토크도 할 수 있는 것임을 유리 씨에게 반복적으로 설명해 주었습니다.

물론 우리는 책이 출간되면 작은 북 토크를 해 볼 예정입니다. 유리 씨의 희망대로 친구들에게 책에 사인을 해 주며 밥 먹는 자리도 마련하게 되겠지요. 그 시간이 기분 좋은 설렘과 약간의 긴장을 주는 건 저 또한 마찬가지입니다. 다만 우리가 지금 타고 있는 배는 북 토크가 아닌 책이라는 항구로 향하고 있음을 잊지 않아야 합니다. 방향키를 놓치는 순간 이 배는 책도 북 토크도 아닌 엉뚱한 산으로 가 버릴지도 모르니까요.

저더러 어쩌라고요…

김유리

    책 출간을 출산에 많이 비유를 하더니만 그 이유가 있었다. 지난해 여름, 책을 쓰기로 하면서 참 많이도 갈아엎었다. '좋아, 기가 막힌 아이디어야. 이대로만 하면 한 달 안에도 원고를 작성할 수 있어.' 하며, 신나게 써 내려가는 순간, 그 길이, 아니란다. 나는 책이 금방 뚝딱 하고 나올 줄 알았지. 나의 못난 모습도 보여 줘야, '너 장애인 맞아?'라는 소리를 안 듣는다길래 다시 초심으로 돌아가, 가족들, 지인들이 본다는 두려움을 걷어 내고 내 마음을 솔직히 내뱉었더니만 글 속에 불만만 있고 불안은 감춰져 있단다. 불안한 감정을 보여 줘야 한단다. 나보고 어쩌라는 건지, 지금 어떻게 해야 할지 너무 불안하고 혼란스럽다. 책이 금방 나올 줄 알고, "나 책 쓰고 있어.", "곧 나올 거야." 하며 소문 다 내고 다녔는데 곧은 아니라는 생각이 든다.

    2018년에 출판사에 잠시 다녔던 일이 생각난다. 내

책을 내 준다고 해서 열심히 원고를 썼다. 이때도 금방 책이 나올 줄 알고 온 동네방네 다 소문내고 다녔다. 감독님 소개로 발달장애인 부모들 앞에서 "제가 이런 책을 내려고 원고를 열심히 쓰고 있습니다."라고 말하기도 했다. 부모님들은 어떤 글이든 써 달라고, 내 글을 통해서 발달장애인 자식들의 마음을 알 수 있을 것 같다고 말씀하셨다. 그런데 책을 내지 못했다. 출판사에서는 이대로는 책을 못 내 주겠단다. 다시 써 오세요. 다시 써 오세요. 내 생애에서 가장 혹독한 글쓰기 트레이닝을 받았다. 이때 하도 질려서 '내가 무슨 글을 쓰고 책을 쓰냐, 나 김유리, 이제부터 글을 쓰지 않겠습니다.' 하며 절필까지 선언했다.

책이 뚝딱하고 나올 거라는 생각이 드는 이유는, 2017년 복지관에서 다른 사람들과 함께 6개월간 글쓰기 수업을 받고 책을 썼던 기억 때문이었다. 출판사 직원으로서 책을 내는 것도 아니었지, 글쓰기 강사님과 출판사에서 방향성도 다 잡아 줬지, 난 아무 고민 없이 그저 글만 써 내려가면 되었다.

지난해부터 방향성이 여러 번 바뀌고 그만큼 원고 쓰는 기간이 늘어났지만 그래도 즐거웠다. 책을 출간하려는 이유가 작가로 유명해지고 싶어서가 아니기 때문이다. 다른 발달장애인과 그의 부모들에게 희망을 주기 위해서도 아니다. 영아 선생님께서 책을 써 보자고 하셨을 때 좋다고 한 것은, 이상하게 들릴 수도 있지만 어떤 이야기를 해도 잘 받아 주시는 선생님과 이전보다 더 자주 만나고 깊은 이야기를 할 수 있을 거라는 기대감 때문이었다. 원고를 두 번이나 뒤엎고 새롭게 다시 써도 그저 좋아했던 이유이기도 했다.

하지만 지금은 약간 혼란스러운 상태이다. 책이 나올 수나 있을지 모르겠다. 이전과 다른 느낌이 드는 까닭은 지구상에 내가 쓴 책을 남기고, 일생에 한 번쯤은 출간 작가로 불리고 싶다는 마음도 함께 들기 때문인 것 같다. 모두 다 접고, 절필을 선언하고 싶은 생각까진 안 든다. 한번 칼을 뽑았으면 기간이 얼마나 걸리든, 끝까지 해야지….

내가 네 맘 같지 않지?
너도 내 맘 같지 않아

김영아

반년 가까운 기간 우리는 원고를 채우고 갈아엎기를 반복했습니다. 이게 아닌데 싶지만 딱히 대안을 내놓지 못한 저는 두통과 불면증에 시달렸습니다. 처음에 우리는 작가가 꿈이고 14년이나 된 사이니 같은 **부류**라 느꼈습니다. 그러니 책을 함께 내자 했겠지요. 막상 글 쓰는 과정에서 우리는 개와 고양이처럼 글에 다가가는 방식이 다름을 알았습니다. 유리 씨는 '글 쓰는 방법'을 중요시했고, 저는 '글 쓰는 태도'를 중시했습니다. 제가 '이타심으로 글 쓰는 태도'를 말하면, 유리 씨는 '이타적으로 글 쓰는 방법'을 물어오니 소통이 될 리 없었습니다. 글 쓰는 사람이라고 스스로 말하고 다니는 저이지만, 글 쓰는 태도를 설명할 만큼의 능력이 저에겐 없었습니다. 심지어, 상대는 발달장애인이라는 생각에 사로잡혀 이걸 어찌 설명해야 하나 고민만 반복했습니다. 발달장애인을 잘 아는 장애인재활상담사이니, 장애를 의식하지 않을 줄 알았는데 되레 심하게 메여 있는 저였습니다. 머리가 너무 아파 하루 정도는 글, 책을 머리에서 지우려 했습니다. 이렇게 하다간 책은커녕 다른 글에도 진절머리를 칠 것 같았습니다.

토요일 오후. 머리도 식힐 겸 스타벅스에 앉아 아메리카노를 마시며 노트북을 펼쳤습니다. 딱히 할 게 없었습니다. 그냥 유리 씨에게 말이나 걸어 볼까 싶어 넌지시 카톡을 보냈습니다.

"유리 씨!"

이런저런 일상 대화를 나누다 별 생각 없이 그녀에게 물었습니다.

"유리 씨는 글을 쓰는 이유가 뭐예요?"

"죽지 않으려고 쓰는 것 같아요…."

저로선 충격이었습니다. 유리 씨에 대한 충격이 아닌, 그녀를 몰랐던 나 자신에 대한 충격. 저는 유리 씨가 자기 생각을 표현하고 소통하는 수단으로 글쓰기를 선택한 줄 알았습니다. 예상과 달리 현실에서 벗어나기 위해 글을 선택했다니. 저는 그녀에 대해 근본적인 것부터 내 멋대로 해석했음을 알았습니다. 이런 것조차 묻지 않고 같이 책을 쓰자 했다니. 자책하는 마음과 지금이라도 알아 다행이다 싶은 안도감이 올라왔습니다. 그녀가 왜 책을 내고 싶어 하는지, 왜 그렇게 북 토크를 신경 썼는지 하나씩 묻고 답하는 가운데 정리되기 시작했습니다. 저는 우리가 글을 대하는 태도가 왜 중요한지에 대해 천천히 풀어 갔습니다. 저는 우리 책이 단 한 사람에게라도 용기를 전해 주는 책이기를 원한다 했습니다.

'와… 김유리, 김영아가 이런 책을 썼어? 대단한데!'라는 반응이 아닌, '발달장애인이 작가라는 꿈을 이루었네? 나도 김유리처럼 하면 작가가 될 수 있을까?', '장애인재활상담사가 발달장애인이 작가가 되도록 도와줄 수도 있구나, 나도 김영아처럼 해 볼까?' 작은 용기를 전해 주는 책이기를 원한다 했습니다.

"유리 씨, 사람들이 우리 글을 읽고 나도 김유리, 김영아처럼 해 볼까? 생각하고 용기를 주면 돼요."

"무슨 말인지 모르겠어요. 너무 어려워요."

"자… 유리 씨는 어떤 사람을 보면 용기가 생겨요?"

"제가 다른 사람이 못하는 걸 대신해 주면 뿌듯하고 용기가 생길 것 같아요."

"맞아요. 그거예요."

"우리가 써야 하는 글은요, 나 이렇게 글 잘 써요 하는 게 아니라. 이 책을 쓰면서 힘겹고, 불안하고, 시행착오를 겪는 과정을 진솔하게 보여 주는 게 중요해요. 불만이 아닌 불안이 보이는 글을 써야 해요. 그래야 독자들이 자기처럼 헤매고, 힘들어 하는 우리를 보고 용기를 얻어요. 나만 못하는 게 아니구나…. 김유리와 김영아도 힘들지만 해낸 거구나…. 라는 마음이 들게 해야 해요."

"저 지금껏 솔직하게 다 썼는데요. 불안이 있는 글을 어떻게 써야 하는지 잘 모르겠어요. 지금 책이 나올 수나 있을까 하는 불안감이 생겨요. 충격이 너무 커요."

유리 씨는 10분이 넘도록 카톡방에서 아무 말이 없었습니다.

"유리 씨, 지금 불안하죠? 걱정돼서 미치겠죠? 지금 한글 파일 열어서 마음 상태 그대로 써 보세요. 욕을 써도 되고, 맞춤법 틀려도 돼요. 그냥 막 써 보세요."

3시간 뒤 유리 씨는 카톡으로 글을 보내왔습니다. '저더러 어쩌라고요…'라는 제목의 글이었습니다. '불안한 척'이 아닌 '불안한' 유리 씨의 상태가 고스란히 드러나는 글이었습니다.

"와! 유리 씨, 이거예요 이거!! 지금까지 본 글 중에 이게 제일 좋아요!!"

분량도 짧고, 그럴듯한 표현 하나 없는 이 글이 왜 좋다는 건지 유리 씨는 이해가 안 된다 했습니다. 저는 이해 못해도 괜찮다 말해 주었습니다. 이제야 유리 씨가 머리대신 마음으로 글을 쓰도록 울타리를 세워 주는 방법을 알 것 같았습니다. 빈 도화지에 주제 한 줄 적어 "이 주제로 써 보세요, 유리 씨."라고 대했던 저의 불친절함이 그녀에게 울타리 없이 뛰어놀라 한 것임을 알았습니다. 글이란 게, 협업이란 게 이렇게나 힘겨울 줄은 미처 몰랐습니다.

정말 이대로도 괜찮은 걸까요?

김유리

"제가 유리 씨 글을 화려하게 고쳐 주면 좋은 책이 되는 걸까요?"

"그건 아닌 것 같아요. 그러면 제 글이 아니게 되는 거잖아요."

선생님은 글을 꾸미고 싶어 하는 나를 꽤 오랜 시간에 걸쳐 설득하셨다. 선생님께서는 처음 생각 그대로 쓴 글이 좋다며 글 고치지 말고 보내 달라고 하셨다. "정말이요? 그건 제 전공 분야죠." 하면서도 글을 고쳤다. 가족, 친구, 지인들이 모두 볼 책인데 초등학생이 쓴 것 같은 글을 그대로 책에 실리는 것은 용납할 수 없었다. 수십 번 고친 것을 선생님께선 귀신같이 알아맞히셨다.

"전 이 글도 좋지만 유리 씨가 빠르게 휘리릭 하고 써 내려간 글이 더 좋아요."

"고친 티가 많이 나나요?"

"네, 고친 티가 많이 나요. 나쁘다는 건 아니고요. 다음번엔 그냥 한 번에 써지는 대로 그대로 주세요. 비문은 제가 고쳐 볼게요."

책의 기획 방향을 다시 한번 바꾸던 날, 혼란스러운 감정 그대로 글을 써서 보내 드린 후, 휘리릭 써 달라는 이야기를 귀에 딱지가 앉을 정도로 많이 들었다. 한 번에 써지는 대로 그대로 달라니, 쉬우면서도 어려운 숙제였다.

"저야 편하고 좋은데, 그렇게 글을 썼다간 책도 안 팔리고, 사 본 사람들도 욕할 거예요. 문학적 표현도 넣고, 어려운 단어도 넣고 그래야 책이 나왔을 때 자랑스럽지 않을까요?"
"잘 쓰는 작가는 글을 수정하면서 글을 간단하게 줄여요. 하지만 잘 쓰는 척하는 작가는 수정하면서 글이 길어지고 어려운 말이 많아지곤 해요."

어려운 말을 많이 쓰는 작가가 글을 잘 쓰는 척하는 작가라면 나는 척하는 작가가 되고 싶다. 아직 우리나라는 문장력 좋고 어려운 말을 써서 기교 부리는 작가를 높이 우러러본다. 2017년도 글쓰기 수업을 받을 때도 문장력을 강화해서 살아 있는 글을 쓰자는 말을 많이 들었다. 카카오 브런치에서도 제발 원고 좀 잘 써서 보내 달라는 출판사 편집자의 호소문이 종종 눈에 띈다. 문장력이 후진 작가들이 많다는 글을 볼 때면 마음이 찔려 온다. 내가 과연 책을 낼 만한 글 실력을 가지고 있는 것일까, 아직까진 잘 모르겠다.

'척하는 작가가 되고 싶다.'라고 썼지만 사실은, 다른 사람들이 뭐라 해도 이대로도 괜찮다는 선생님의 말을 더 듣고 싶다. 책이 나왔을 때 초등학생이 쓴 글 같다는 평을 받으면 못 들은 체하면 그만이다. 난 이제 2017년 때 배운 글쓰기 기법들을 거의 다 잊어버렸고, 다시 배우고 싶은 끈기도 없다. 여기서 더 잘 써 보겠다 욕심 부리다간 전부 다 포기하게 생겼다.

난 함께하고 싶은데

김유리

  2009년 말, 영화 동아리에서 영화 제작과, 시사회, 상영까지 모두 마친 후 2010년 계획을 세웠다. 선생님께서는 조력자의 지원을 받지 않고 우리의 힘으로만 영화를 만들어 봤으면 좋겠다고 하셨다. 그로부터 14년 후 선생님은 이번에 책을 함께 출간해 보면 다음번엔 나 혼자서도 충분히 집필할 수 있을 거라고 말하셨다. '손 잡고 같이 뛰고 넘어져도 같이 넘어지자.', '벗어 놓은 옷을 팔 한쪽씩 끼워 넣고 함께 춥고 따뜻해지는 경험을 누리고 싶다.'라고 선생님의 첫 책 《선물합니다! 실패할 권리》에 떡하니 써 놓으셨으면서 나한테는 자꾸만 혼자 헤쳐 나가라 하신다. 이제 겨우 거적때기 걸친 글쓰기 애송이인 나를 너무 과대평가하셨다. 얇은 옷 한 벌만 가지고 나는 냉혹하기만 한 출판 시장을 홀로 헤쳐 나갈 자신이 없다.

  단독으로 책을 출간하게 되면 어떤 글을 쓰고 싶은지

물어보셨을 때, 나는 취업에 관한 주제로 책을 만들어 보고 싶다고 했다. 하지만 이것은 마음에도 없는 억지스러운 대답이었다. 나는 혼자서 책을 쓸 생각이 전혀 없다. 다만 또 다른 책은 출간하고 싶은 마음은 있다. 선생님만 동의하신다면, 공동 저서에 한 번 더 도전해 보고 싶다. 이 책이 출간되면 많은 사람들이 찾아 주는 광경을 뿌듯하게 지켜보다가, 서른 중반인 내가 39살이 되면, 선생님께 말씀드리는 구체적인 계획까지 세워 놓았다.

"선생님, 두 번째 원고를 집필할 때가 되었습니다."

끈기가 없는 것이 첫 번째 이유이긴 하지만 이제 내 글만으로는 시선을 끌지 못하는 세상이 왔다. 뒤에서 내가 알게 모르게 서포터해 주고 계시는 미후지 작가님께서는 노인들이 쓰신 책이 쏟아져 나왔듯이 장애인이 쓴 책도 쏟아져 나올 거라고 말씀하셨다. 많은 사람들이 장애인, 특히 발달장애인은 글을 쓰지 못할 거라고 여긴다. 사람들의 생각을 어깃장 놓아 미안하지만 내가 이 글을 쓰고 있는 이 시간에도 많은 발달장애인들이 블로그와 SNS를 통해 자신의 생각을 알리고 있다. 심지어 신문사에 정기적으로 칼럼을 내보내기도 하며, 글

쓰기를 직업으로 삼기도 한다. 2023년 1월에는 발달장애인이 오롯이 혼자 쓴 에세이가 출간이 되었다. 장애를 가지고 있으면 글을 쓰기 어려울 거라는 사람들의 편견을 무참히 깨뜨리고 있다. 글 쓰는 발달장애인은 나밖에 없을 거라고 우쭐대던 시절을 깊이 반성하는 바이다.

이렇게 장애인이 쓴 책이 하나, 둘 나오기 시작한다. 발달장애인인 나 혼자 쓰는 글은 메리트를 점점 상실해 가고 있다. 사회복지 종사자가 쓴 책은 이미 포화 상태이다. 나도 마찬가지지만 선생님도 혼자 책을 출간하시면 출판 시장에서 살아남기 어렵다는 의미이다. 다른 사람이, 다른 경험을 바탕으로 쓴 책인데 말하고자 하는 맥락은 도긴개긴이다. 비장애인은 '장애인과 함께 살아가는 세상을 만들자!'라고 말하고 장애인은 '우리를 편견 없이 대해 달라!'라고 이야기한다. 독자들의 시선을 확 사로잡을 어지간한 스토리가 아닌 이상 명함도 못 내밀게 되었다. 다만 발달장애인과 사회복지 종사자가 함께 쓴 책은 아직인 것으로 알고 있다. 자화자찬하는 꼴이지만 이번에 쓰고 있는 책은 이 둘의 조합이 함께해서 더욱 빛나는 책이 되지 않을까 싶다.

나는 선생님과 함께할 이야기가 아직 많이 남아 있다

고 생각한다. 글쓰기라는 주제 하나로 끝내기는 너무 아쉽다. 두 번째로 엎은 원고에서 쓰기로 했던 서로가 생각하는 자립에 대해서도 써 봐야 한다. 발달장애인 당사자는 조력자를 뭐라고 생각하는지, 사회복지 종사자는 발달장애인에게 도움을 받아 본 경험이 있는지에 대해서도 사람들이 궁금해할지도 모른다. 두 권의 책에서 확인할 수도 있겠지만 요즘 같은 고물가 시대에 독자 입장에선 웬만하면 책 한 권으로 해결하고 싶을 것이다. 선생님과 글쓰기라는 옷을 팔 한쪽씩 나눠 껴입고 냉기가 감도는 출판 시장을 조금 더 함께 걷고 싶은 이유이다.

  어쩌면 이 책을 읽은, 또 다른 김유리와 김영아가 우리가 자립에 대해서 글을 써 보자고 할지도 모르겠다. 경쟁 상대가 나타나고, 거기다가 주제까지 빼앗기면 억울하겠지만 그 마음 재빨리 가라앉히고 기뻐하며 책을 펼쳐 보리라!

직업병

김영아

어떤 직업이든 직업병을 남기게 마련입니다. 크고 작은 업무적 습관과 태도, 트라우마 혹은 저항감. 잔잔한 것들이 쌓여 직업병이라는 흔적을 몸에 남기죠. 출판사에서 일한 유리 씨가 습관적으로 문장을 고치는 것처럼 말입니다.

하나의 직업으로 21년을 먹고 산 제게도 직업병이 없을 순 없습니다. 저에겐 장애인재활상담사로서 크게 두 가지 직업병이 있습니다. 첫째, 남의 직업에 관심이 많습니다. 저 사람은 어떻게 저 일을 하게 됐을까. 저 직업은 어떻게 만들어져서 어떤 생태계로 돌아가는 직업일까 늘 궁금해합니다. 둘째, '이제 너 스스로 해 봐.'라고 말하는 병입니다. 장애인 복지 체계 안에서 움직이는 일이지만 장애인재활상담사와 사회복지사의 역할은 많이 다릅니다. 사회복지사는 장애인 당사자를 둘러싼 환경을 변화시켜 그들이 살기 편하게 만드는 역할을 합니다. 장애인재활상담사는 장애인 당사자의 능력, 잠재력을 평가하고 끌어올려 주는 역할을 하죠. 당사자에 대한 집중이 좀 더 강한 편입니다. 어느 시점이 되면 당신 스스로 세상에 부딪혀 단맛, 쓴맛 느끼라며 조금은 냉정하게 대하는 것이 저의 직업병입니다.

이런 저의 직업병이 유리 씨와 책을 쓰는 과정에서도 고스란히 배어 나왔습니다. 서로의 글을 주고받으며 카톡으로 대화하던 중 자연스럽게 "유리 씨, 다음에는 단독 출판도 해 보셔야죠? 이번에 저와 같이 출간 과정 경험하시면 충분히 자신만의 글로 출간하실 수 있을 거예요."라고 제안했습니다. 등 떠미는 건 아니었지만, 자기 이름 석 자 내건 책 한 권은 거뜬히 낼 수 있는 유리 씨라 생각했기에 나온 말이었습니다. 대부분 작가의 꿈은 공저보다는 단독 저서니까요. 저의 제안에 대한 유리 씨의 답변은 다소 뜻밖이었습니다. 유리 씨가 작가로서 욕심을 낸다 여겼기에 했던 제안이었는데 그녀는 아직 자신이 없다 했습니다. 다시 한번 느끼지만, 저는 유리 씨에 대해 잘 모르는 게 분명합니다. 우리가 썼다 버렸다 했던 원고와 기획안의 대부분은 발달장애인의 자립, 직업에 대한 이야기입니다. 지금 이 책의 방향이 '김유리의 글'을 화두로 삼으면서 그 많은 원고는 온라인 창고에 방치되어 있습니다. 유리 씨는 우리가 잠시 버려둔 자립, 직업을 주제로 또 공동 집필을 하자 했습니다. 지금으로선 3년 뒤에 같이 할지 안 할지 알 길이 없습니다. 다만 한 가지, 앞으로 김유리, 김영아가 어떤 책을 쓰건 우리가 책 100권을 낸다 해도 출판 시장을 뒤흔들 생각이나 욕심은 전혀 없습니다. 그저 김유리 작가와 함께 글을 쓰고, 뒤엎고, 다시 쓰고, 답답해하면서도 하나씩 풀어 가는 이 과정 자체가 즐거울 뿐입니다. 조금 더 원해 본다면, 우리 책을 읽고 한두 명이라도 마음에 한 문장 남길 수 있다면 작가로서 더 바랄 게 없습니다.

우리가 원고를 쓰는 중에 유리 씨가 제게 가장 많이 한 말이 있습니다.

"저는 선생님과 이렇게 이야기 나누고 글 쓰는 자체가 너무 좋아요."

저 또한 유리 씨와 같은 마음입니다. 23년, 가족보다 발달장애인과 함께하는 시간이 더 길었지만, 늘 그들을 '대상자'로만 바라보던 저였습니다. 그랬던 제가 '발달장애인'이라는 딱지를 떼고 사람, 작가로 바라본 첫 사람이 유리 씨였습니다. 우리가 이런 관계로 진화하고,

글을 매개로 이야기를 나눈 자체만으로도 이 책을 만든 보람을 느낍니다. 앞으로의 우리는 어떤 방식으로 관계를 재정립하게 될까요? 유리 씨와 제가 동상이몽을 꾸는 듯한 이 상황조차 즐거운 요즘입니다.

작가라면 반드시 지켜야 할 것

김유리

 원고 교정이 마무리될 때쯤, 책날개에 들어갈 작가 소개 글을 쓸 시간이 되었다. 어떤 내용이 좋을까? 이왕이면 책 내용과 연관성이 매우 깊은 글을 쓰고 싶었다.

 지난해, 글 쓰는 나에 대해서 인터뷰 기사가 나간 적이 있었는데 그 기사 제목이 떠올랐다. 내 글에 빨간 펜을 긋지 말아 달라는 뜻이 담긴 내용이었다. '속 편하자고 글을 씁니다만…'이란 제목의 마지막 문장 '아아악, 나한테 왜 그러냐고요!'와 연결이 되어 보였다. 유명한 신문사에서 전문 기자 여럿이 회의를 거쳐 써 준 기사 제목이니까 내 작가 소개 글에도 쓰면 멋지겠지 생각했다. 인터뷰 기사를 써 준 분께 여쭤보니 기사 제목을 그대로 책에 실으려면 신문사에 동의를 구하면 좋다고 하셔서 신문사 이메일을 미리 알아 두었다.

 '나는 누가 뭐래도 제 마음 가는 대로 글을 쓰고 싶다.

내 글에 빨간 펜을 그으려 하지 말고 그냥 봐 달라'와 같은 내용으로 작가 소개 글을 써서 선생님께 보내 드렸다. 그날 오후에 한 장의 이미지를 받았는데 내 소개 글과 선생님의 소개 글이 나란히 들어가 있었다. 나는 '와 책날개에 이렇게 들어가는구나' 하는 설렘에 "좋아요"를 외쳤다.

"유리 씨, 유리 씨가 책을 한 권 샀는데 펼치자마자 제일 먼저 보이는 작가 소개란에 저 글이 보이면 기분이 어떨 것 같은지 차분히 생각해 보시겠어요?"
"음… 별로인가요?"

내가 잘 알아듣지 못하자 선생님께서는 지금 내가 쓴 작가 소개 글은 솔직한 게 아니라 책을 사 볼 독자들에게 굉장히 무례한 글이라고 일깨워 주셨다. 자기 돈 주고 산 책에 빨간 줄을 왜 그으려 하겠으며, 내 글 이해할 거 아니면 내 글 읽지 마라는 사람의 책을 누가 사 보겠냐고 자세히 설명해 주셨다. 나는 그제야 아차 했다. 책이 정말 곧 나온다는 기쁨에만 사로잡혀 깨닫지 못했다.

"급하게 생각하지 않고 독자에게 예의를 갖춰 다시 한번 써 보도록 하겠습니다."

 글을 쓰기 전에 집에 있는 책과 인터넷에 공개된 작가 소개 글을 될 수 있는 한 많이 읽어 보았다. 선생님께서 쓰신 소개 글과 내가 쓴 소개 글과도 비교해 보았다. 차츰 내가 쓴 작가 소개 글이 부끄러워졌다. 이대로 책에 실렸으면 어쩔 뻔했는지 생각만 해도 끔찍했다. 똑같은 문장이어도 어디에 보여 주냐에 따라 느낌이 완전히 달라진다는 것을 알았다.

 선생님의 화난 모습을 본 건 14년 만에 처음이었다. 카톡으로 이야기를 나눴기에 선생님 얼굴은 보지 못했다. 하지만 대략 한 시간 동안 이어진 카톡 대화에서 여느 때처럼 '^^ 웃음 표시', '~', 'ㅎㅎㅎ', 'ㅋㅋㅋ' 와 같은 이모티콘이 정말 하나도 없어서 그런지 선생님께서 화가 나셨다는 걸 알 수 있었다. 지난 1년간 함께 쓴 글에 대한 소개인데 솔직함을 핑계로 이 모양, 이 꼴로 적어 놨으니 내가 선생님이었어도 많이 속상했을 것이다.

선생님의 일침이 없었다면 나는 아직도 솔직함과 무례함을 구분하지 못하고 있을지도 모르겠다. 상대방을 저격하는 글을 써 놓고선 난 솔직하게 표현한 건데요? 라며 지내고 있을지도 모르겠다. 이날 이후 난 공부를 많이 했다. 무례함과 솔직함의 한 끗 차이에 대해서도 알아보고 솔직함과 무례함을 구분하지 못해서 곤욕을 겪은 사례들도 찾아보았다. 나는 그러지 말아야겠다고 생각하며 앞으로는 글의 주인공, 내 글을 읽을 독자 입장에서 적어도 세 번 이상은 생각해 보고 쓰겠다고 다짐했다. 말보다 글이 편한 나에게 세상과의 연결 고리이자 안식처이므로, 그런 글을 오래 쓰기 위해서라면 말이다.

 오탈자, 비문이 없고 문장이 화려하다고 해서 무조건 좋은 글이 아니었다. 문법은 엉망이지만 내 글을 읽는 독자, 내 글의 주인공에게 상처를 주지 않는 글이 가장 좋은 글이 아닐까 싶다.

에필로그

동상이몽 한 번 더 할까요?

선생님의 첫 책이 나오고 합정동에서 만나던 날, "저도 책을 내 보고 싶어요."라고 말씀드린 건 질투심에서 나온 말이었다. 나는 책을 낼 생각이 전혀 없던 사람이었다. 한 권의 책을 내는 건 아주 힘든 일이라는 걸 잘 알았기 때문이다. 난 힘든 게 싫다. "책 내는 거 힘드니까 안 낼래요."라며 의사를 번복했던 것 같은데, 단지 내 바람을 이루어 주고 싶다는 목표 하나만으로 여기까지 오신 거라면 심심한 위로의 뜻을 전하고 싶다.

이런 내가 선생님의 제안에 응한 이유는 오로지 하나였다. 발달장애인과 복지관 선생님에서 작가와 작가, 직장인과 직장인 사이로 관계를 변화시킬 수 있을까 해서였다. 정말 그런 순간을 난 느꼈다. 얼마 전 선생님께서는 나에게 복지관 소식지에 실릴 취업자 후기 글을 부탁하셨다. 한 편 써서 보내 드리니 소식지에 예쁘게 실어서 보여 주겠다는 다소 형식적인 답변을 받았다. 곧바로 '우리 오늘 저녁에도 톡으로 길게 이야기할까요?'라는 메시지를 받았는데, 공적인 관계에서, 사적인 관계로 변화된 듯했다. 원고를 쓰는 지난 7개월 동안 선생님은 두통과 불면증에 시달리셨다지만 나는 선생님과 전보다 사적인 이야기를 많이 나눌 수 있어 즐겁기만 한 시간들이였다. 기획 방향을 바꾼 후 예상보다 초고가 빨리 마무리돼 아쉬울 뿐이다. 두통에 시달리셨다고 해도 원고를 조금 더 천천히 써서 보내 드릴 걸 하는 이기적인 생각까지 든다.

지난 14년간 나눴던 이야기보다 지난 7개월 동안 나눈 이야기가 훨씬 많았을 것이다. 장애인인 나와 장애인재활상담사인 선생님이 함께 나눌 수 있는 이야기가 이렇게 많았다는 것에 놀랐다. 말보다 글이 편한 나이기에 우리의 대화는 직접 만남보다는 글에서 많이 이루어졌다. 지난 7개월간 많은 이야기를 나누다 보니 나는 어느 순간부턴가 선생님이 언니라는 생각이 들었다. 엎어진 인터뷰 형식의 원고에 일부러 빌미를 만들어 영아 언니라고 쓴 적이 있다. 이 기회가 아니면 청년을 지나 중년을 넘어 호호 할머니가 돼서도 어린애처럼 선생님이라 부를지도 모른다는 생각에서였다. 아무리 그래도 발달장애인이 복지관 선생님을 대뜸 언니라고 부르다니, 당황해하시거나 언짢아하시지는 않을까? 조마조마했는데 좋아해 주셔서 나도 좋았던 기억이 난다. 하지만 오래 굳혀진 영아 선생님, 유리 씨라는 호칭은 끝끝내 현실에선 물론 책에서조차 바꾸지 못했다.

　원고의 방향성이 바뀌고 새롭게 시작할 때 나는 선생님께서 쓰신 원고는 에필로그 쓸 때, 한꺼번에 몰아서 보겠다 말씀드렸다. '선생님과 다른 의견을 가지고 있으면 어쩌지?'라는 생각 때문이었다. 또 줏대 없이 '선생님 말씀이 100번 옳습니다.'라고 말하는 내 모습이 상상 되었다. 역시나 받아 본 원고에는 선생님과 나는 서로 다른 생각을 가지고 있었다. 이를테면 나는 발달장애인과 장애인재활상담사가 함께 쓴 이 책이 대중들에게 먹힐 거다 여기고 있는데, 선생님은 우리가 유명인도 아니고, 요즘 장애계에서 이슈되는 내용을 다룬 책이 아니니 그렇게 관심이 없을 거다 하셨다. 나는 이왕이면 잘 팔리는 책을 쓰고 싶은데 선생님은 책이 잘 팔리건 말건 상관없다 하셨다. 글을 보여 달라 하지 않기를 잘했다. 이 부분에 대해서만큼은 선생님 생각에 동조하고 싶지 않다. 선생님이 쓰신 글 한두 편만 보고 극단적으로 나갔을지도 모르겠다. 사람들이 찾지도 않을 책, 돈 들여 만들면 뭐 할까요? 그러게 애초에 계획했던 대로 글쓰기뿐만 아니라 장애인 직업, 자립 등 모든 주제를 담으면 좋지 않았나요? 작가를 꿈꾸는 발달장애인과 그를 조력하는 사회복지 종사자를 타깃층으로 정하면 책이 얼마나 팔릴까요? 저는 여기서 그만하고 싶어요. 라고 말씀드렸으리라, 선생님과 책을 쓰기로 결심한 이유가 선생님과 가까워지기 위해서였지만 이왕 하는 거 책이 잘 팔려 유명해지기까지 하면 좋으니까.

'그럼 유리 씨, 이 감정 그대로 글 한 편 써 볼래요?' 하시지 않고, 선생님도 내 뜻을 받아들여 '네, 그렇다면 그렇게 해요.'라고 하신다면 7개월 동안 진행해 왔던 책 쓰기는 쫑이 나고, 14년간 맺어 왔던 관계는 쫑까지는 아니겠지만 예전만도 못한 서먹한 사이가 되어 있지는 않을까? 지난 7개월 동안 어떻게 해서 가까워졌는데, 상상만 해도 슬프다.

책이 나오고, 에이블 뉴스에 보도 자료 하나 내보내고, 가까운 지인들과의 조촐한 파티까지 마치고 나면, 우리는 다시 복지관 선생님 김영아! 발달장애인 김유리!로 돌아가겠지. 그리고 싶지는 않은데 어쩔 수 없는 일이다. 우린 처음에 그렇게 만났으니까. 다만, 꼭 3년 후가 아니더라도 괜찮으니, 10년 후, 20년 후가 되어도 좋으니, 진짜 책 한 번 더 썼으면 좋겠다. 유명세를 끌 만한 주제가 아니어도 좋다. 나는 어려운 표현이 많이 담긴 글이 좋은 글이라고 하고, 선생님은 쉬운 표현이 담긴 글이 좋은 글이라고, 옥신각신하면서 서로의 글을 공유하면 좋겠다. 미래의 김유리, 김영아가 함께 쓴 두 번째 책에는 선생님, 유리 씨가 아닌 어떤 호칭이 들어가 있을지 궁금해진다.

작가 김유리

이렇게 우리가 다를 줄이야…

이 책을 쓰는 동안의 제 마음이고, 어쩌면 김유리 작가의 마음일 듯도 합니다.

발달장애인과 장애인재활상담사가 함께 쓴 책이라니. 따뜻하고 아름다운 이야기가 담긴 책을 기대하신 분들께는 아쉬운 마음을 전합니다. 보셨다시피 이 책은 독자들의 기대와는 전혀 다른 이야기입니다. 김유리와 김영아는 이 책을 기획할 당시 서로의 이야기를 나누며 따뜻히고 공감되는 이야기를 풀어 보려 글을 쓰기 시작했습니다. 정말 그렇게 될 줄 알았으니까요. 올해로 14년째 인연을 맺고 있는 저희는 '작가'라는 공통된 꿈을 가졌습니다. 그 마음 하나로 책을 쓰자 했고, 오랜 기간 호흡을 맞춘 사이니 장애인과 비장애인이 서로를 이해하는 과정을 보여 주자 생각했습니다.

공동 집필을 시작한 우리는 숱한 암초에 부딪혔습니다. 인연의 첫 단추가 장애인재활상담사와 발달장애인이었으니 그 굴레를 벗어나기가 어려웠지요. 여전히 우리는 '유리 씨', '영아 선생님'이라는 호칭에서 벗어나지 못하고 있습니다. 한글 파일로 50페이지가 넘는 원고와 기획안을 갈아엎기를 세 번 반복했고, 왜 이렇게 내 마음을 몰라주나 서로 원망을 쌓기도 했습니다.

우리가 작가 대 작가로 만나 책을 쓰면서 느낀 건 '같이 작업하기 참 어렵다. 김유리와 김영아는 지향하는 글이 다르다.'였습니다.

'따스한 소통'을 보여 주려 시작했으나 결론적으로 이 책엔 '미지근한 불통'이 담겼습니다.

장애인과 비장애인이 함께한다 하면 으레 사람들은 안타까운 장애인과 그를 돕는 착한 비장애인을 상상합니다. 혼자서는 해내지 못하는 장애인이 마음 좋은 비장애인의 도움으로 세상에 나온다는 설정. 얼마나 보기 좋고 아름답기까지 한가요. 그런 아름다움은 공익 광고, 영화, 책에 이미 차고 넘칩니다.

작가 대 작가로 만난 우리는 정말 달랐습니다. 김유리 작가는 전문 용어가 쓰이고 문장이 길어야 잘 쓴 글이라 여겼고, 저는 일상적 단어가 많은 짧은 글을 잘 쓴 글이라 여겼습니다. 김유리 작가는 쉬운 글은 초등학생 글 같다 생각했고, 저는 어려운 글은 대중들이 외면한다 생각했으니까요. 제가 북쪽을 보면, 김유리 작가는 남쪽을 보며 글을 썼습니다. 글을 수시로 엎을 수밖에요.

장애인재활상담사 김영아는 21년간 장애인들이 직업을 갖도록 조력하는 일로 먹고살았습니다. 장애인에게 영향력을 행사할 힘이 있고, 방법도 아는 소위 베테랑이죠. 그런 제가 이 책을 쓰는 동안은 장애인에 대한 영향력이 아닌 내 글에 대한 소신 하나로 밀어붙였습니다. 아름답고 훈훈할 수 없는 치열한 그 과정을 이곳에 하나씩 내려놓았습니다. 장애인재활상담사로서 사람의 변화를 이끌어 내는 게 더 쉽고 익숙한 제게, 상대의 변화를 바라지 않고 인정한다는 게 얼마나 어려운 일인지 온몸으로 느낀 시간이었습니다. 산다는 게, 누군가와 함께한다는 게 희극이 아니라는 걸 인정했기에 가능한 일이었고 장애인과 비장애인으로 마주한 것이 아니기에 가능한 일이었습니다.

직업재활사 김영아

너와 함께라면